Impressum
Verlag: BABADADA GmbH, Nedderfeld 112 , 22529 Hamburg
Geschäftsführer / Verlagsleitung: Harald Hof
Druck: Books on Demand GmbH, In de Tarpen 42, 22848 Norderstedt

Imprint
Publisher: BABADADA GmbH, Nedderfeld 112 , 22529 Hamburg, Germany
Managing Director / Publishing direction: Harald Hof
Print: Books on Demand GmbH, In de Tarpen 42, 22848 Norderstedt

koulu
སློབ་གྲྭ

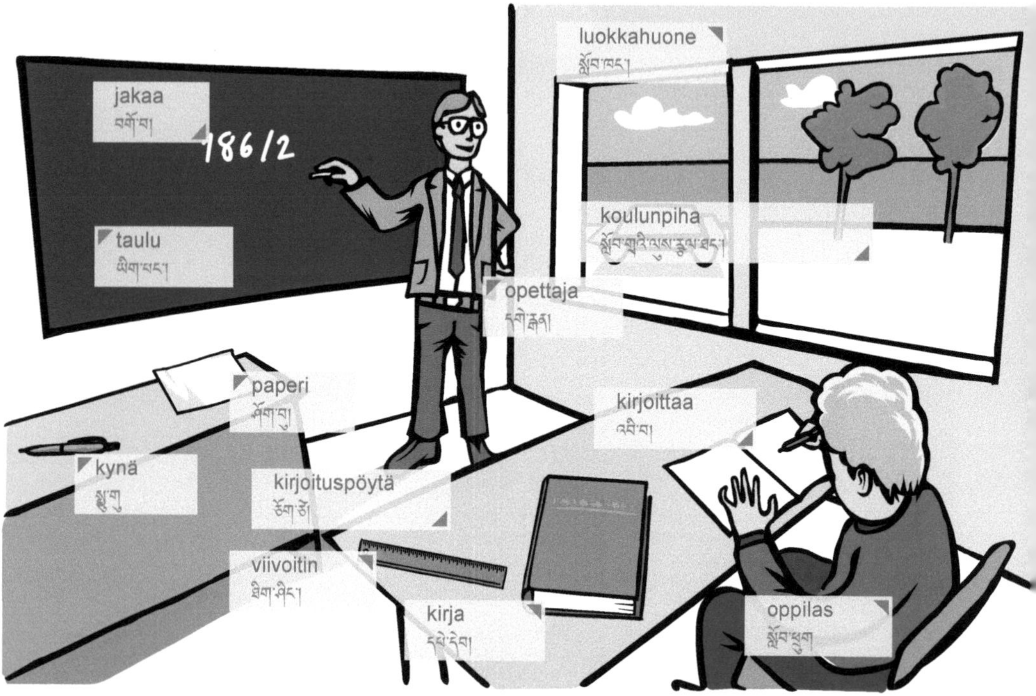

luokkahuone
སློབ་ཁང་།
jakaa
བགོ་བ།
186/2
taulu
ཡིག་པང་།
koulunpiha
སློབ་གྲྭའི་ལུས་རྩལ་ཐང་།
opettaja
དགེ་རྒན།
paperi
ཤོག་བུ།
kirjoittaa
འབྲི་བ།
kynä
སྨྱུ་གུ
kirjoituspöytä
ཅོག་ཙེ།
viivoitin
ཐིག་ཤིང་།
kirja
དཔེ་དེབ།
oppilas
སློབ་ཕྲུག

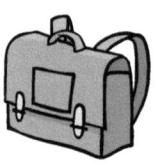

reppu
....
དཔེ་ཁུག

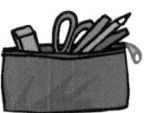

penaali
....
སྨྱུག་སྒམ།

lyijykynä
....
ཞ་སྨྱུག

kynänteroitin
....
གཞོག་གྲི།

pyyhekumi
....
འཁྲིག་གསུབ།

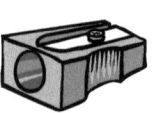

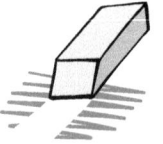

piirustuslehtiö
....
འབྲི་པང་།

piirustus

རི་མོ།

pensseli

ཚོན་པིར།

vesivärit

ཆུ་ཚོན།

sakset

ཇེམ་ཙེ།

liima

འབྱར་རྩི།

harjoituskirja

སྦྱོང་བརྡར་སློབ་དེབ།

kotitehtävä

ཨང་སྦྱོང་།

luku

ཨང་གྲངས།

lisätä

སྣོན་པ།

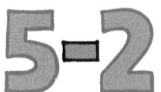

vähentää

འཐེན་པ།

kertoa

སྒྱུར་བ།

laskea

རྩིས་ལ་རྩིས་པ།

kirjain

ཡི་གེ

aakkoset

ཀ་ཁ།

sana

ཚིག

teksti

ཡིག་གཞི།

lukea

སློག་པ།

liitu

ས་སྒོ།

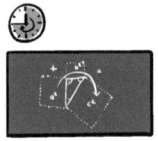

oppitunti

སློབ་ཚན།

opettajan muistikirja

དེབ་གཞུང་།

koe

ཡིག་ཚད།

todistus

ལག་ཁྱེར།

koulupuku

སློབ་གོས།

koulutus

སློབ་གསོ།

sanakirja

ཤེས་བྱ་ཀུན་བཏུས་དེབ་ཐེར།

yliopisto

སློབ་གྲྭ་ཆེན་མོ།

mikroskooppi

ཕྲ་གཟིགས་ཆེ་ཤེལ།

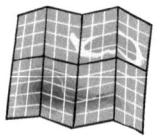

kartta

ས་ཁྲ།

roskakori

གད་སྙིགས་གས་སྒྲོད།

hotelli
མགྲོན་ཁང་།

Grand

retkeilymaja
འགྲུལ་ཁང་།

ROOMS

rahanvaihto
དངུལ་བརྗེ་ལས་ཁུངས།

EXCHANGE

matkalaukku
ལག་སྒྲོམ།

auto
རླངས་འཁོར།

kieli
སྐད་རིགས།

kyllä / ei
རེད། མ་རེད།

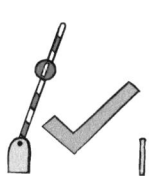

selvä
ལགས་སོ།

hei
ཁམས་བཟང་།

tulkki
ཡིག་སྒྱུར་བ།

kiitos
ཐུགས་རྗེ་ཆེ།

Paljonko...maksaa?

ག་ཚོད་རེད།

en ymmärrä

ད་གོ་མ་སོང་།

ongelma

དཀའ་ངལ།

Hyvää iltaa!

དགོང་མོ་བདེ་ལེགས།

Hyvää huomenta!

ཞུ་རོ་བདེ་ལེགས།

Hyvää yötä!

མཚན་མོ་བདེ་ལེགས།

näkemiin

ག་ལེར་ཕེབས།

suunta

ཁ་ཕྱོགས།

matkatavarat

ཅ་ལག

laukku

ལྒག་མ།

reppu

རྒྱབ་ཁུག

vieras

མགྲོན་པོ།

huone

ཁང་མིག

makuupussi

ཉལ་ཁུག

teltta

གུར།

matka - ཡུལ་བསྐོར་སྤྱོ་འཆམ།

turisti-info

 རྒྱལ་སྐོར་ཁ་འཕྲིན།

ranta

མཚོ་ཁའི་གྲམ་ཐང་།

luottokortti

ཡིད་རྟོན་བྱང་བུ།

aamupala

ཞོགས་ཟས།

lounas

དགུང་ཚོ།

päivällinen

དགུ་ཚོ།

matkalippu

པ་སེ།

hissi

གློག་སྐས།

postimerkki

ཤེལ་ཊི།

raja

མཐའ་མཚམས།

tulli

སྒོ་ཁྲལ།

suurlähetystö

གཞུང་ཚབ་ཆེན་མོའི་ལས་ཁངས།

viisumi

མཆན་བཀོད་ལག་ཁྱེར།

passi

ལག་འཁྱེར།

kuljetus
སྐྱེལ་འདྲེན་བྱེད་པ།

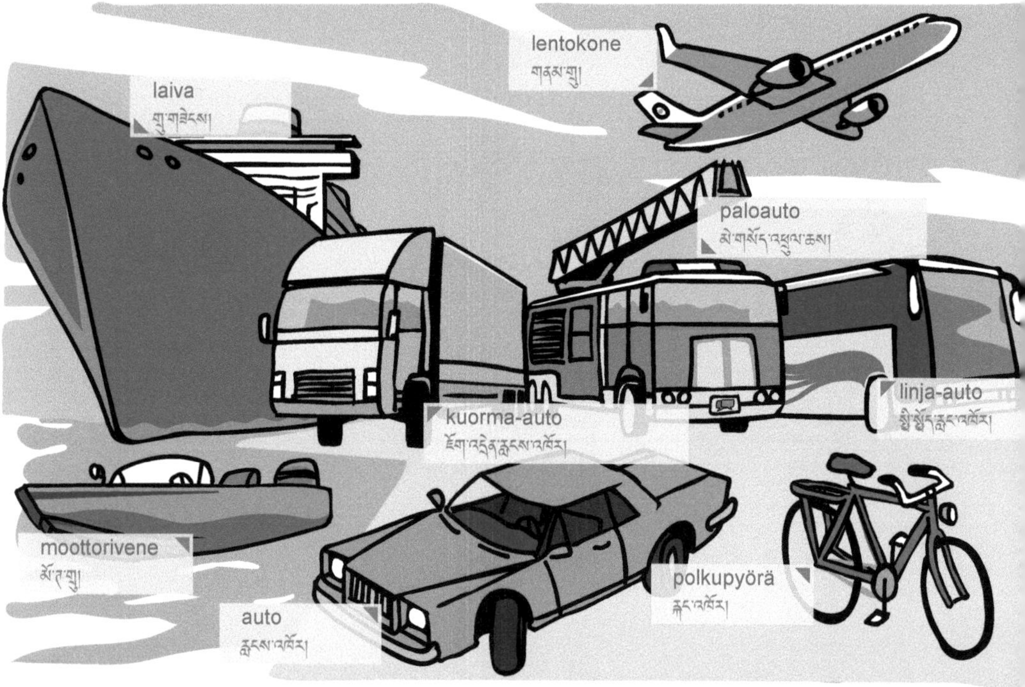

lentokone
གནམ་གྲུ།
laiva
གྲུ་གཟིངས།
paloauto
མེ་གསོད་འཁྲུལ་ཆས།
linja-auto
སྤྱི་སྤྱོད་རླངས་འཁོར།
kuorma-auto
ཐོག་འདྲེན་རླངས་འཁོར།
moottorivene
མོ་ཊ་གྲུ།
auto
རླངས་འཁོར།
polkupyörä
རྐང་འཁོར།

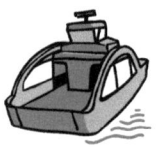

lautta

ཀོ་བ།

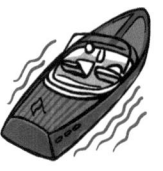

vene

གྲུ།

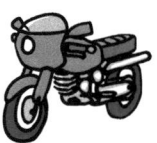

moottoripyörä

འཕྲུལ་རྟ།

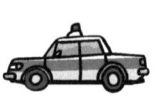

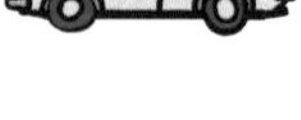

poliisiauto

བདེ་སྲུང་སྐུམ་འཁོར།

kilpa-auto

རླངས་འཁོར་འགྲན་བསྡུར།

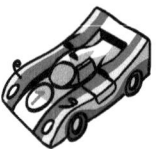

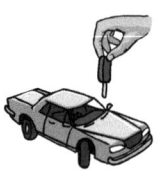

vuokra-auto

གླ་འབབ་རླངས་འཁོར།

car sharing

རླངས་འཁོར་བགོ་འགྲེམས་བྱེད་པ།

hinausauto

འདྲུད་འཁོར་ཆག་ཤོས།

roska-auto

འདྲུད་འཁོར།

moottori

མོ་ཊ།

polttoaine

བུད་ཤིང་།

huoltoasema

རྫོ་སྣུམ་ས་ཚིགས།

liikennemerkki

འགྲིམ་འགྲུལ་གྱི་མཚོན་རྟགས།

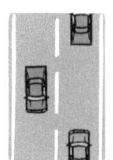

liikenne

འགྲིམ་འགྲུལ།

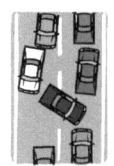

ruuhka

འགྲིམ་འགྲུལ་འགགས་པ།

parkkipaikka

རླངས་འཁོར་འཇོག་ས།

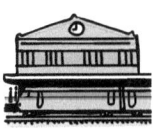

rautatieasema

མེ་འཁོར་འབབ་ཚིགས།

raiteet

ལམ་ཆད།

juna

མེ་འཁོར།

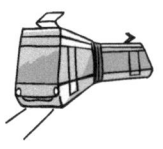

raitiovaunu

གློག་སྐུད་ཀྱི་སྟེང་གི་འཁོར་ལམ།

vaunu

ཤིང་རྟ་འཁོར་ལོ།

helikopteri

ཧད་འཕུར་གནམ་གྲུ།

lentokenttä

གནམ་གྲུ་ས་ཚིགས།

lähilennonjohto

སྤྱོག་སྤྱོག་མ་ཁང་།

matkustaja

འགྲུལ་པ།

kontti

སྒྲོད་རྩགས།

pahvilaatikko

ཤོག་སྒམ།

kärryt

ཤིང་རྟ།

kori

གཟེད་མ།

nousta / laskea

མཆོང་བ།

kaupunki

གྲོང་ཁྱེར།

kylä

གྲོང།

keskusta

གྲོང་ཁྱེར་གྱི་ལྟེ་བ།

talo

ཁང་པ།

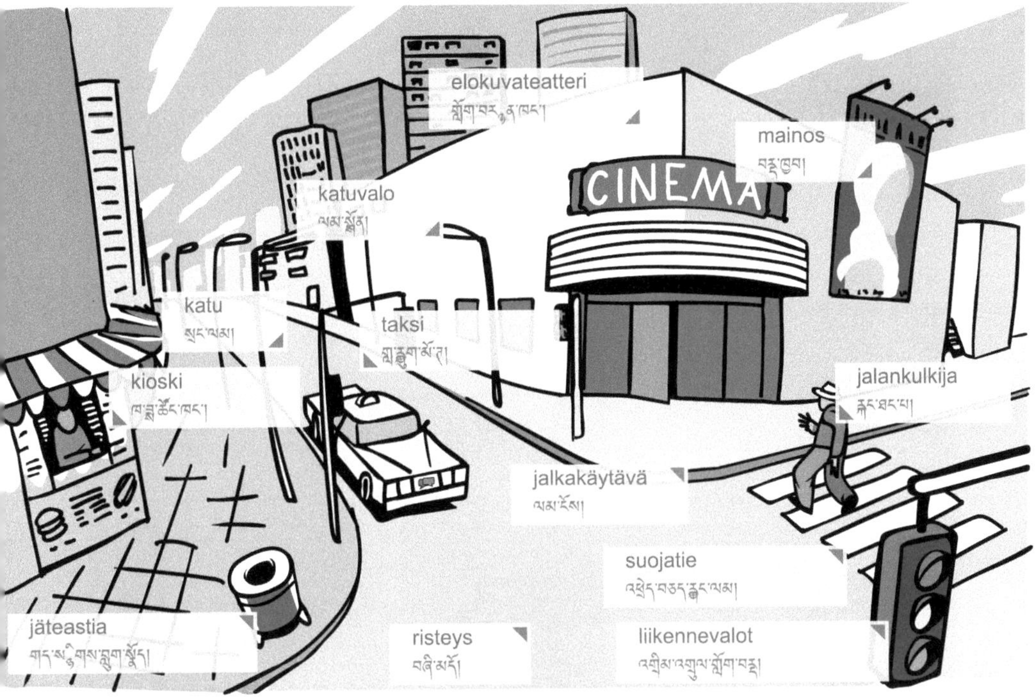

elokuvateatteri
སློག་བརྙན་ཁང་།

mainos
བསྒྲགས།

katuvalo
ལམ་སྒྲོན།

katu
སྲང་ལམ།

taksi
སྐྱ་སྒྲིག་མོ་ཊ།

kioski
ཁྲོམ་ཚོང་ཁང་།

jalankulkija
རྐང་འགྲུལ་པ།

jalkakäytävä
ལམ་རོས།

suojatie
འཕྲེད་བཅད་རྐང་ལམ།

jäteastia
གད་སྙིགས་སྒྲུག་སྣོད།

risteys
བཞི་མདོ།

liikennevalot
འགྲིམ་འགྲུལ་སློག་བརྡ།

mökki
ཁང་ཆུང་།

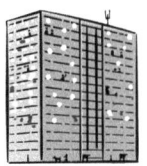

kerrostalo
ཁང་པ།

rautatieasema
མེ་འཁོར་འབབ་ཚུགས།

kaupungintalo
གྲོང་སྡེའི་ཚོགས་ཁང་།

museo
འགྲེམས་སྟོན་ཁང་།

koulu
སློབ་གྲྭ།

yliopisto

སློབ་གྲྭ་ཆེན་མོ།

pankki

དངུལ་ཁང་།

sairaala

སྨན་ཁང་།

hotelli

མགྲོན་ཁང་།

apteekki

སྨན་སྦྱོར་ཁང་།

toimisto

ལས་ཁུངས།

kirjakauppa

དཔེ་ཁང་།

liike

ཚོང་ཁང་།

kukkakauppa

མེ་ཏོག་ཚོང་མཁན།

supermarketti

ཟླ་ཚོགས་ལ་སྤྲོས་ར།

tori

ཁྲོམ་ར།

tavaratalo

སྣ་ཚོགས་ཚོང་ཁང་།

kalakauppias

ཉ་ཚོང་མཁན།

ostoskeskus

ཚོང་ཁང་ལྟེ་གནས།

satama

གྲུ་ཁ།

puisto

སྐྱེད་ཚལ།

penkki

རྒྱབ་ལུག་ནར་མོ།

silta

ཟམ་པ།

portaat

ཐེམ་སྐས།

metro

ས་འོག་གི

tunneli

རི་སྐྱ་ལུགས་ལམ།

linja-autopysäkki

རྒྱ་འཁོར་འབབས་ཚིགས།

baari

ཆང་ཁང་།

ravintola

ཟ་ཁང་།

postilaatikko

ཡིག་སྒྲོམ།

katukyltti

ལམ་གྱི་མཚོན་རྟགས།

parkkimittari

འཛོག་བླ་རེའི་རེ་དངུལ།

eläintarha

གཅན་གཟིག་ཁང་།

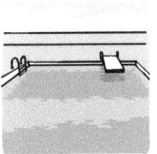

uimala

རྒྱལ་རྫིང་།

moskeija

ཁ་ཆེའི་ལྷ་ཁང་།

maatila

ཞིང་ར།

ympäristön saastuminen

འབགས་བཙོག

hautausmaa

དུར་ས།

kirkko

ལྷ་ཁང་།

leikkikenttä

རྩེད་ཐང་།

temppeli

ལྷ་ཁང་།

maisema

ཡུལ་ལྗོངས།

lehti

ལོ་མ།

tienviitta

ལམ་རྟགས།

tie

ལམ།

niitty

སྤང་ལྗོངས།

kivi

རྡོ།

puu

ཤིང་སྡོང་།

retkeilijä

རྣམ་ཐང་ཡུལ་སྐོར་བ།

joki

ཆུ་བོ།

kukka

མེ་ཏོག

ruoho

རྩྭ།

laakso

གྲུང་།

vuori

རི་བོ།

järvi

མཚོ།

metsä

ནགས་ཚལ།

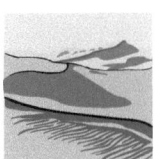

aavikko

བྱེ་ཐང་།

tulivuori

མེ་རི།

linna

མཁར།

sateenkaari

འཇའ་ཚོན།

sieni

ཤ་མོ།

palmu

ཏ་ལའི་ཤིང་།

hyttynen

དུག་སྦྲང་།

kärpänen

སྦྲང་བུ།

muurahainen

གྲོག་མ།

mehiläinen

བུང་སྦྲང་།

hämähäkki

སྒྲོམ།

kovakuoriainen

སྦུར་ནག

sammakko

སྦལ་པ།

orava

ཕྲང་ཁི།

siili

ཀྲུང་སོ།

jänis

རི་བོང་།

pöllö

འུག་པ།

lintu

བྱ།

joutsen

ངང་དཀར།

villisika

ཕོ་ཡག

peura

ཤ་བ།

hirvi

རྭ་མོང་ཤྭ་བ།

pato

ཆུ་རགས།

tuulimylly

རླུང་གི་འཕྲུལ་ཆས།

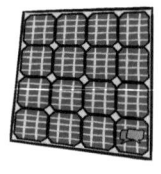

aurinkopaneeli

ཉི་མའི་བཞུགས་སོལ་ཚོགས་ཆས།

ilmasto

ནམ་ཟླ།

16   maisema - ཡུལ་ལྗོངས།

ravintola

ཟ་ཁང་།

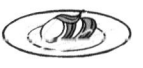

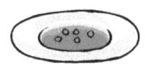

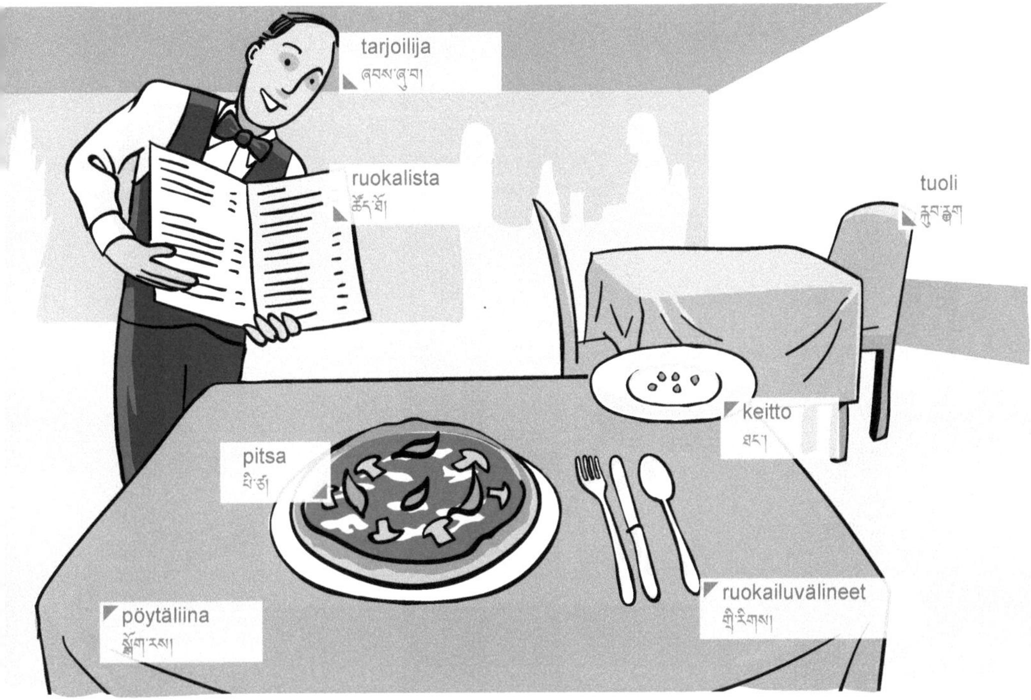

tarjoilija
ཞབས་ཞུ་བ།
ruokalista
ཚོད་ཐོ།
tuoli
རྐུབ་རྐྱག
keitto
ཐང་།
pitsa
པི་ཙ།
ruokailuvälineet
གྲི་རིགས།
pöytäliina
སྟོག་རས།

alkuruoka

ཟ་མ་དང་པོ།

pääruoka

གཙོ་ཚལ།

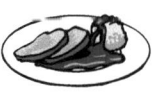

jälkiruoka

མངར་ཟས།

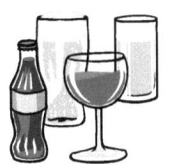

juomat

འཐུང་བ།

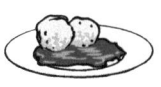

ruoka

ཁ་ལག།

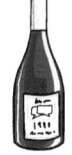

pullo

ཤེལ་དམ།

pikaruoka

མགྱོགས་ཟས།

katuruoka

སྲང་གི་ཟས་ཤིག

teekannu

ཇ་འབག

sokeriastia

མངར་པོར།

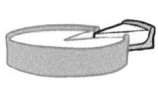

annos

དུམ་པ།

espressokeitin

ཚིག་ཇ་འཕུལ་ཆས།

syöttötuoli

ནུང་མའི་རྐུབ་སྟེགས།

lasku

ཙོ་ཡིག

tarjotin

ཤིང་སྡོང་།

veitsi

ཟ་གྲི།

haarukka

ཟས་ཚོག

lusikka

ཞེམ་པ།

teelusikka

ཐུར་མ།

servietti

ལག་ཕྱིས།

lasi

ཤེལ་ཕོར།

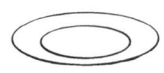

lautanen

 སྡེར་མ།

syvä lautanen

ཟང་ཕོར།

aluslautanen

སྡེར་དབྱིབས།

kastike

སྤོད་རྫས།

suolasirotin

ཚྭ་ཤིག

pippurimylly

ག་ཡེར་ས་འཐག་འཁོར།

etikka

ཚོ་བ།

öljy

སྣུམ།

mausteet

སྤོད་སྣ།

ketsuppi

ལེ་ཅུ་པ།

sinappi

ཨེ་ཡོ།

majoneesi

སྤོད་མེ་ཅན།

supermarketti
སྣ་ཚོགས་ཁྲོམ་ར།

tarjous
དམིགས་བསལ་གྱི་རིན་གོང་།
asiakas
མཉོ་མཁན།
maitotuotteet
འོ་རྫས།
FOR
hedelmät
ཤིང་ཏོག
ostoskärryt
འདྲུད་འཐེན་འཁོར་ལོ།

BUTCHERS

teurastamo

བཤས་ཚོང་།

BAKERY

leipomo

བག་སོབ་ལས་མཁན།

punnita

ལྗིད་ཚོད་འཇོགས་པ།

kasvikset

ཚོད་མ།

liha

ཤ།

pakasteet

འཁྱང་ཟས།

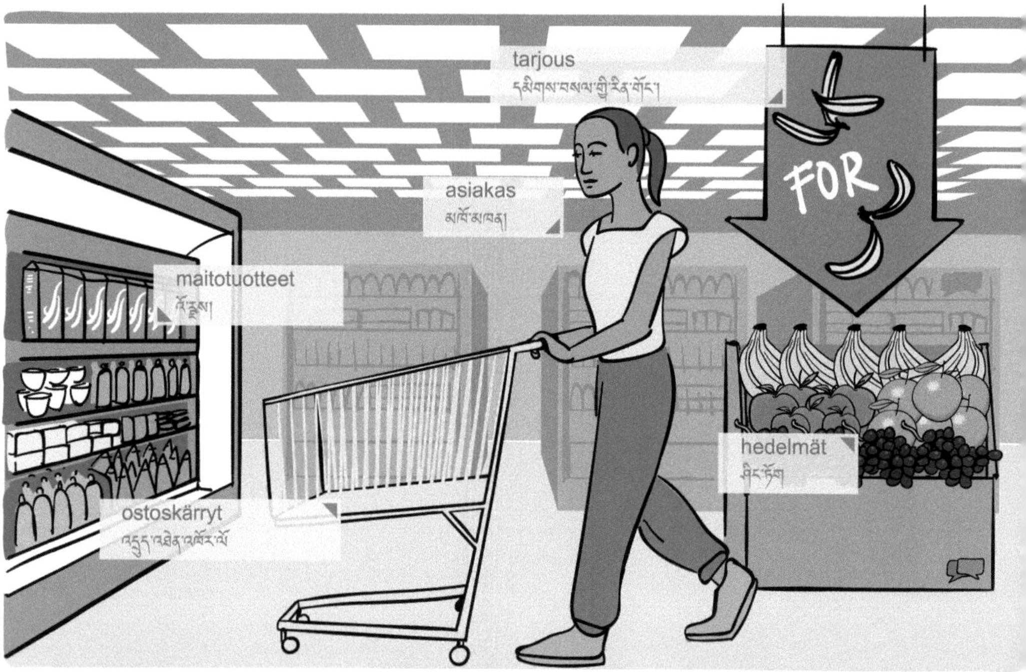

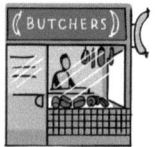

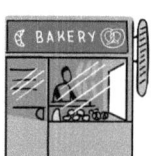

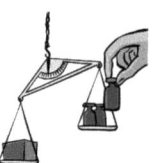

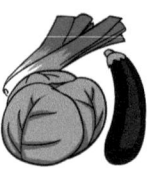

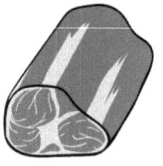

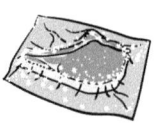

leikkele

ཤ་གྲུ་མ།

säilykkeet

གྱིན་བཙག་པའི་ཟ་མ།

pesujauhe

ཕྱུས་བུ་ལ།

makeiset

མངར་ཟས།

kotitaloustarvikkeet

ཁྱིམ་ཆས།

puhdistusaineet

ཕྱོན་རྫས་གཙང་དག

myyjä

འབྲེས་ཚོང་མཁན།

kassa

དངུལ་སྒྲོམ།

kassanhoitaja

དངུལ་གཉེར།

ostoslista

དངོས་ཚེ་ཞིབ་ཡིག

aukioloajat

སྒོ་འབྱེད་དུས་ཚོད།

lompakko

དངུལ་ཁུག

luottokortti

ཡིད་རྟོན་བྱང་བུ།

kassi

ཁུག་མ།

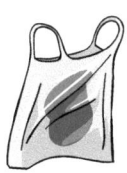

muovipussi

འགྱིག་ཤོག

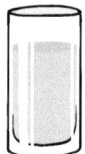

vesi

ཆུ།

mehu

ཤིལ་ཁུ།

maito

འོ་མ།

kokis

ཁ་ནག

viini

རྒུན་ཆང་།

olut

སྦུར་ཆང་།

alkoholi

ཆང་རིགས།

kaakao

ཀོ་ཀོའི།

tee

ཇ།

kahvi

ཁྲི་ག་ཇ།

espresso

ཁྲི་ག་ཇ།

cappuccino

ཀ་པའུ་ཅི་ནོ།

banaani

དངས་ལག

omena

ཀུ་ཤུ།

appelsiini

ཚ་ལུ་མ།

meloni

བྲ་ཚིག་གོན།

sitruuna

ལེ་མོན།

porkkana

ལ་ཕུག་མོང་

valkosipuli

སྒོག་པ།

bambu

སྙུག་མ།

sipuli

ཙོང་།

sieni

ཤ་མོ།

pähkinät

འབྲུ་སྒོགས།

spagetti

གྱ་མ།

spagetti

riisi

འབྲས།

salaatti

གནད་ཚལ།

ranskalaiset

ཀྲི་པ་སྨི།

paistetut perunat

ཡོངས་མ་སྲེག་པ།

pitsa

པི་ཚ།

hampurilainen

ཤེས་སྐྲུ་སྨྲ།

voileipä

བག་ལེབ་སྣུ་མི་ཆི།

leike

ཤ་ཏིག་གཙོགས།

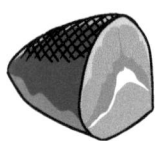

kinkku

ཕག་པ་དྲངས།

salami

ས་ལ་མི།

makkara

རྒྱུ་མ།

kana

བྱ་ཤ།

paisti

སྲེག་པ།

kala

ཉ།

kaurahiutaleet

ཡུ་གུ།

mysli

སྐྱུ་ལི།

murot

ཨ་མེམ་ལེ་མོ།

jauho

ཕྱེ་མ།

voisarvi

མར་ར།

sämpylä

བག་ལེབ།

leipä

བག་ལེབ།

paahtoleipä

བག་ལེབ་ཏིག་གཟོགས་ཤིག་མ།

keksit

སྣུམ་ཤོབ།

voi

མར།

rahka

ཆོ།

kakku

བག་ལེབ་མོབ་མོབ།

kananmuna

སྒོང་།

paistettu kananmuna

སྒོ་ང་བཙོ་བ།

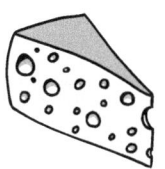

juusto

ཕྱུར་ར།

jäätelö

འཁྱགས་ཞོ།

sokeri

བྱེ་མ་ཀ་ར།

hunaja

སྦྲང་རྩི།

hillo

སྤྲི་མས།

suklaapähkinälevite

ཙོག་ལི་ཅད།

curry

སྨ་ཨེར།

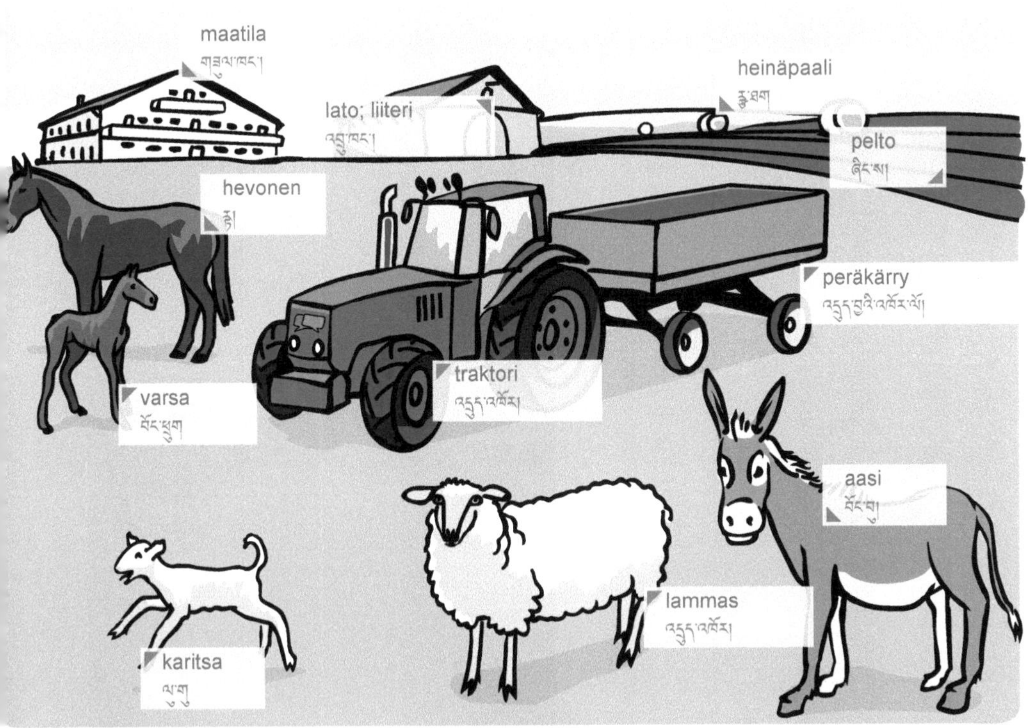

maatila
གཞལ་ཁང་།

heinäpaali
རྩྭ་ལྕུག

lato; liiteri
འཕྲུ་ཁང་།

pelto
ཞིང་ཁ།

hevonen
རྟ།

peräkärry
འདྲུད་ཕུའི་འཁོར་ལོ།

varsa
རྟོད་ཕྲུག

traktori
འདྲུད་འཁོར།

aasi
བོང་བུ།

karitsa
ལུ་གུ

lammas
འདྲུད་འཁོར།

vuohi
ར་མ།

lehmä
བ་གློ།

vasikka
བེའུ།

sika
ཕག

porsas
ཕག་ཕྲུག

sonni
གླང་།

hanhi

ངང་པ།

ankka

བྱ་གག

tipu

བྱིའུ་ཕྲུག

kana

བྱ་མོ།

kukko

བྱ་ཕོ།

rotta

ཙི་པ།

kissa

ཞི་མི།

hiiri

ས་བྱི་ལིག

härkä

བ་གླང་།

koira

ཁྱི།

koirankoppi

ཁྱི་ཁང་།

puutarhaletku

མེ་ཏོག་ལྦས་པའི་ཆབ་པ།

kastelukannu

ཆུ་འཛིན་པའི་ལྦས་ཞིག

viikate

ཟོར་བ།

aura

ཐོང་གཤོལ།

sirppi

ཟོར་བ།

kuokka

འཚོ་བ།

talikko

རྩྭ་སྤུས་ཀྱི་ལག་ཆ་ཟབ།

kirves

སྟ་རེ།

kottikärryt

འཁོར་ལོ་གཉིས་མ།

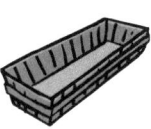

kaukalo

དལ་ར་མ།

maitokannu

འོ་ཟོ།

säkki

སོ་ཁུག

aita

ར་བ།

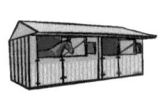

talli

བཅུན་པོ།

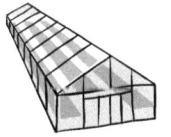

kasvihuone

རྫོད་ཁང༌།

maa

ས།

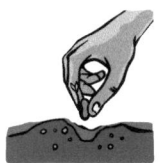

siemen

འབྲུ།

lannoite

ཚྭ་ལུད།

leikkuupuimuri

མཉམ་བསླུ་འཕྲུལ་འཁོར།

kerätä sato

ཐོན་བསྡུ་བ།

sato

ཐོན་འབབ།

jamssit

རི་སྐུན།

vehnä

འབྲུ།

soija

རྫ་ཡས།

peruna

ཡོར་མ།

maissi

མ་ཙོས་ལོ་ཏོག

rypsi

ཡུངས་དཀར་འབྲུ།

hedelmäpuu

ཤིང་ཏོང་།

maniokki

ཤོག་ཤོག་མངར་མོ།

vilja

འབྲུ་རིགས།

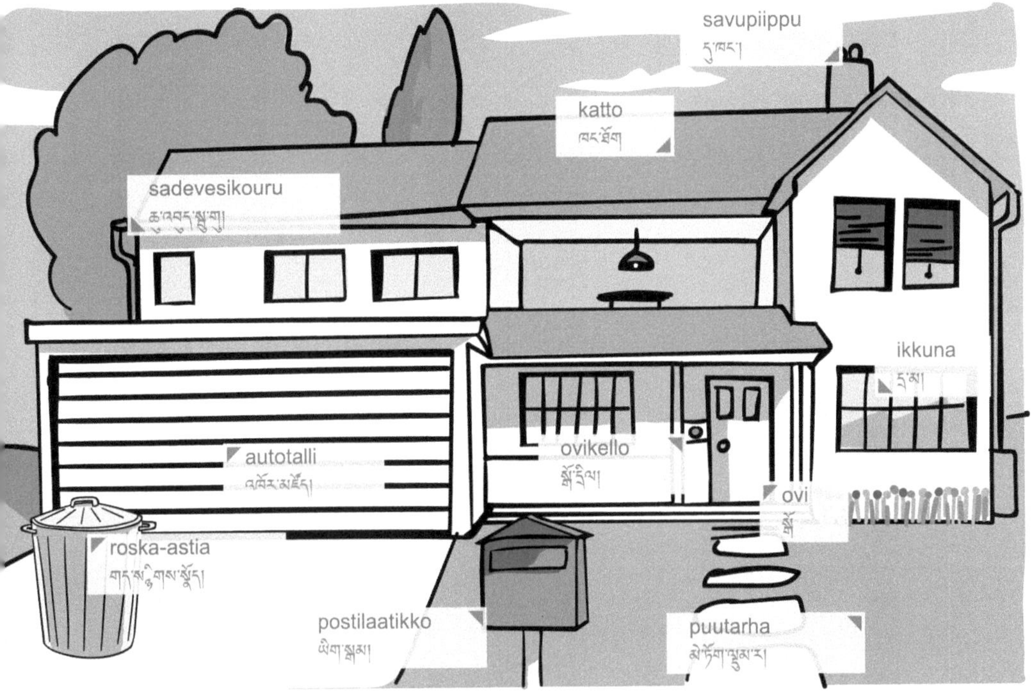

savupiippu
དུ་ཁུང་།

katto
ཁང་ཐོག

sadevesikouru
ཆུ་འབབ་སྐུད།

ikkuna
དུ་མ།

autotalli
འཁོར་མ་ཁོད།

ovikello
སྒོ་དྲིལ།

ovi
སྒོ།

roska-astia
གད་སྙི་གས་སྣོད།

postilaatikko
ཡིག་སྒམ།

puutarha
མེ་ཏོག་ལྡུམ་ར།

olohuone

སྐྱོད་ཁང་།

kylpyhuone

འཁྲུས་ཁང་།

keittiö

ཐབ་ཚང་།

makuuhuone

ཉལ་ཁང་།

lastenhuone

བྱིས་པའི་ཁང་པ།

ruokahuone

ཁ་ལག་ཟ་ས།

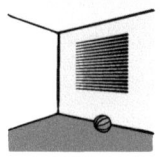

lattia

ཕང་གཅལ།

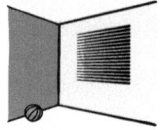

seinä

གྱང་།

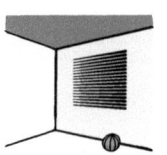

katto

གནམ་གཅལ།

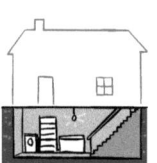

kellari

ས་འོག

sauna

ཆུ་རུས་ཁྲུས།

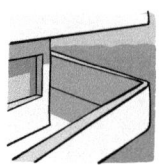

parveke

འདྲེན་གཡབ།

terassi

སྐྱེམས་ཞིང་།

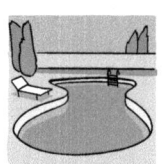

uima-allas

རྫིང་བུ།

ruohonleikkuri

རྩྭ་འབྲེག་འཕྲུལ།

lakana

ཉལ་གོས།

päiväpeitto

ཉལ་ཁྲིའི་ཁེབས།

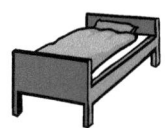

sänky

ཉལ་ཁྲི།

harja

ཕྱགས་མ།

ämpäri

ལ་ཆས་ཞིག

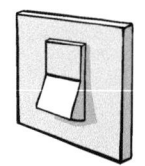

katkaisin

མཐུད་སྒྲོ།

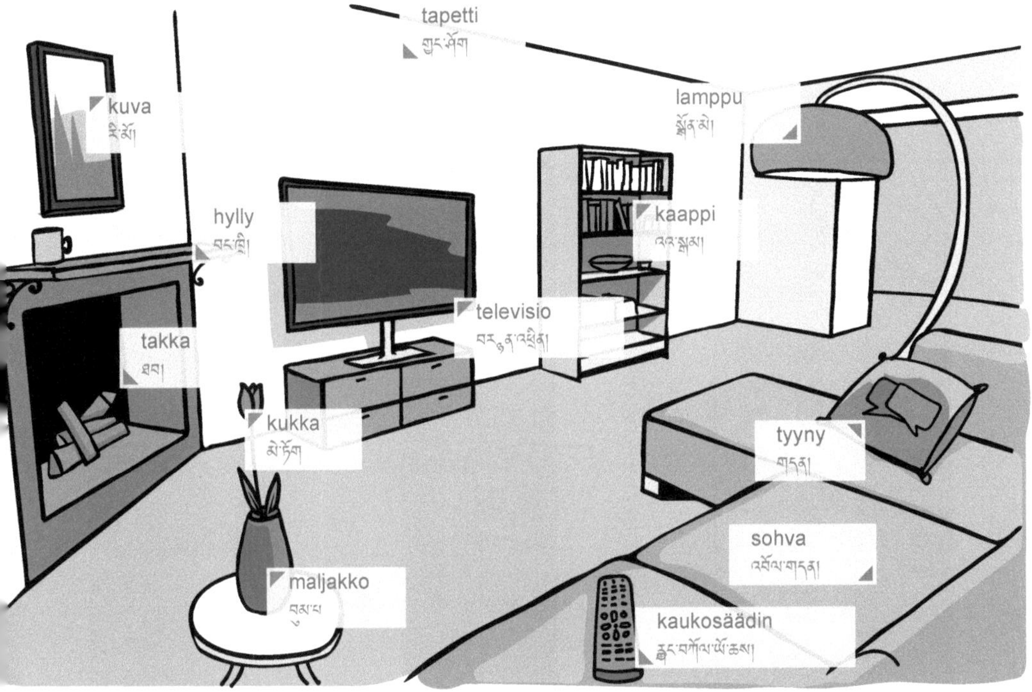

tapetti
གྱང་ཤོག

kuva
རི་མོ།

lamppu
སྐྱོན་མེ།

hylly
བང་ཁྲི།

kaappi
འཛར་སྒམ།

takka
ཐབ།

televisio
བརྙན་འཕྲིན།

kukka
མེ་ཏོག

tyyny
སྔས།

sohva
འབོལ་གདན།

maljakko
བུམ་པ

kaukosäädin
རྒྱང་བཀོལ་ཡོ་ཆས།

matto
ས་གདན།

verho
ཡོལ་བ།

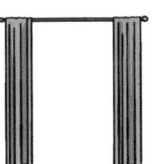

pöytä
ཅོག་ཙེ།

tuoli
རྐུབ་སྟེགས།

keinutuoli
འཁྱོག་འགུལ་རྐུབ་སྟེགས།

nojatuoli
རྐུབ་ཀྱག་ལག་འཛིན།

kirja

དཔེ་དེབ།

peitto

ཉལ་ཐུལ།

koriste

རྒྱན་བཀོད།

polttopuut

མེ་ཤིང་།

elokuva

གློག་བརྙན།

stereot

བསྒྲགས་བསྒྲགས་སྒྲ་ཆས།

avain

ལྡེ་མིག

sanomalehti

གསར་ཤོག

maalaus

ཚོན་རིས།

juliste

གསར་བསྒྲགས་སྤྱི་ཡིག

radio

རླུང་འཕྲིན།

muistivihko

བྲིས་དེབ།

pölynimuri

རྡུལ་སྦྱོགས།

kaktus

རྒྱ་ཤིང་།

kynttilä

ཡང་ལ།

keittiö
ཐབ་ཚང་།

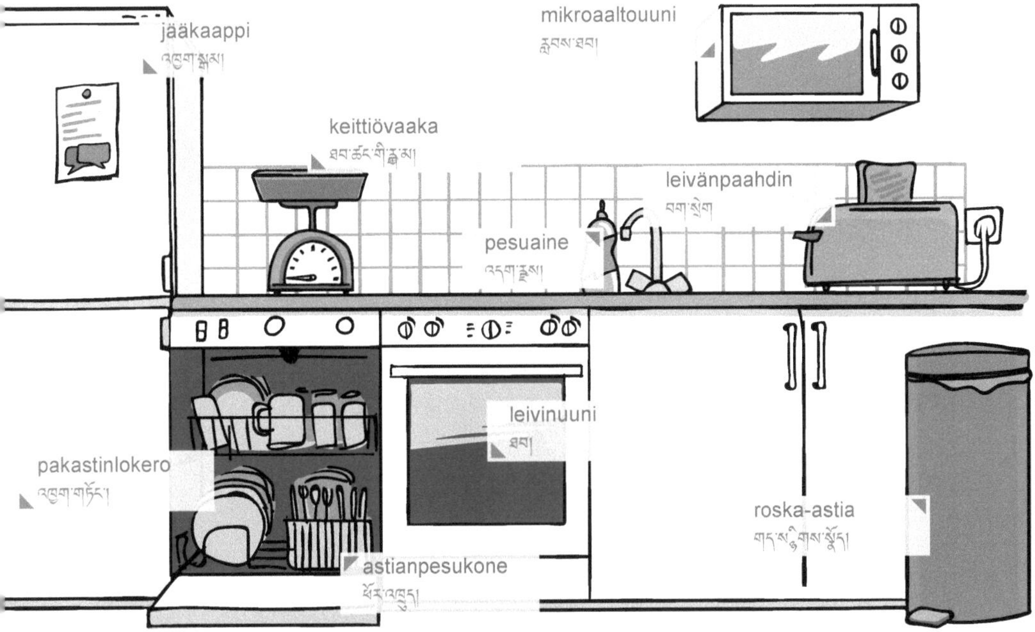
jääkaappi
འཁྱག་སྒམ།
mikroaaltouuni
རླབས་ཐབ།
keittiövaaka
ཐབ་ཚང་གི་རྒྱ་མ།
leivänpaahdin
བག་སྲེག
pesuaine
འདག་རྫས།
leivinuuni
ཐབ།
pakastinlokero
འཁྱག་གཏོང་།
roska-astia
གད་སྙིགས་སྣོད།
astianpesukone
ཕོར་འཁྲུད།

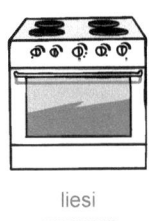

liesi
....
དབུགས་རྡིག

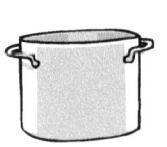

kattila
....
ཇ་འགུ།

rautapata
....
ལྕགས་ཟངས།

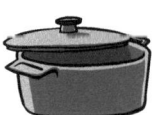

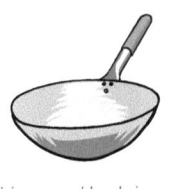

vokkipannu / kadai-pannu
....
སླང་།

paistinpannu
....
ཚོད་སླང་།

teepannu
....
ཇ་ལྡིར།

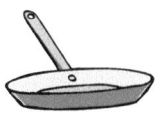

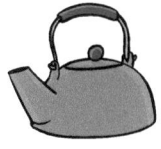

höyrykeitin

ཚོག་སྒམ།

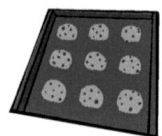

uunipelti

བཞེགས་སྡེར།

astiat

རྫ་ཆས།

muki

ཀོར་མོ།

kulho

ཕོར་པ།

syömäpuikot

ཟུར་མ།

kauha

གཟར་བུ།

paistinlasta

སྐྱོགས།

vispilä

དཀྲོག་སྲུབ།

siivilä

ཚགས་སྒྲོག་མ།

siivilä

ཚགས་སྒྲ།

raastin

ཞིབ་ཕྱེ་འཕུལ་འཁོར།

mortteli

གཏུན་ཁུང་།

grilli

ཁ་བསྲེགས་ས།

avotuli

མེ་སྤྱོགས།

leikkuulauta

ཚོད་པདྲ།

kaulin

སྐྱོལ་ཤིང་།

korkinavaaja

ཁད་པ་བཏོལ།

purkki

ལྕགས་ཀྱི།

purkinavaaja

ལྕགས་ཀྱི་ལ་འབྱེད་ཆས།

pannulappu

ཚོ་སྐྱོབ།

lavuaari

ཁ་ཤུལ།

tiskiharja

སྐྱ་འད།

pesusieni

འཁྲུག་སོབ།

tehosekoitin

སྤུ་དཀྲུག་འཕྲུལ་འཁོར།

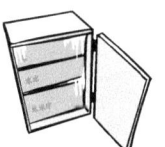

pakastin

འཁྱག་ཐབ་འཕུལ་འཁོར།

tuttipullo

བྲིས་པའི་ནུ་མ།

vesihana

སྐྱ་ལུ།

kylpyhuone

འཁྲུས་ཁང་།

lämmitys
དྲོད་རླངས་མཚོ་འདོན།
pyyhe
ལུས་ཕྱིས།
suihku
འཁྲུ་ཆས
suihkuverho
ཁྲུས་ཡོལ།
vaahtokylpy
ལྦུ་ཁྲུས།
kylpyamme
འཁྲུས་གཞོང་།
lasi
ཤེལ་ཕོར།
pesukone
གོས་འཁྲུད་འཕྲུལ།
vesihana
སྦུ་གུ
kaakelit
ཕ་གུ
potta
ཆབ་གཞོང་།
lavuaari
ཁ་ཤུར།

vessa

འདུག་སྟབས་ཆབ་གཞོང་

kyykkyvessa

གསང་སྤྱོད།

bidee

འཁྲུས་གཞུང་།

pisuaari

གཅིན་གཏོང་ཆས།

vessapaperi

གཙང་ཤོག

vessaharja

གསང་སྤྱོད་ཤེད།

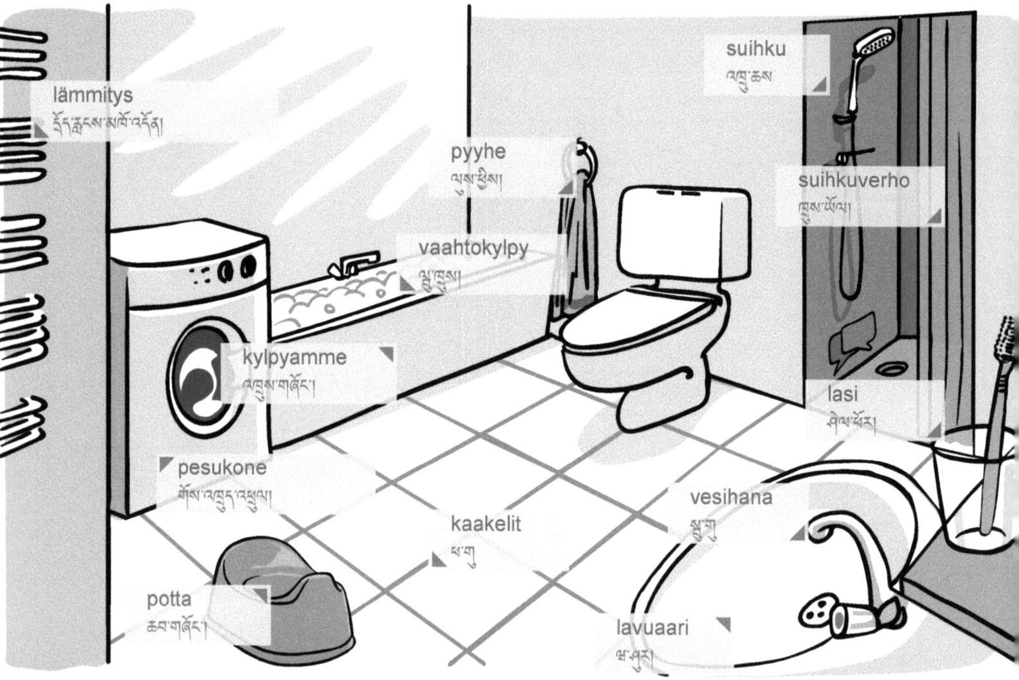

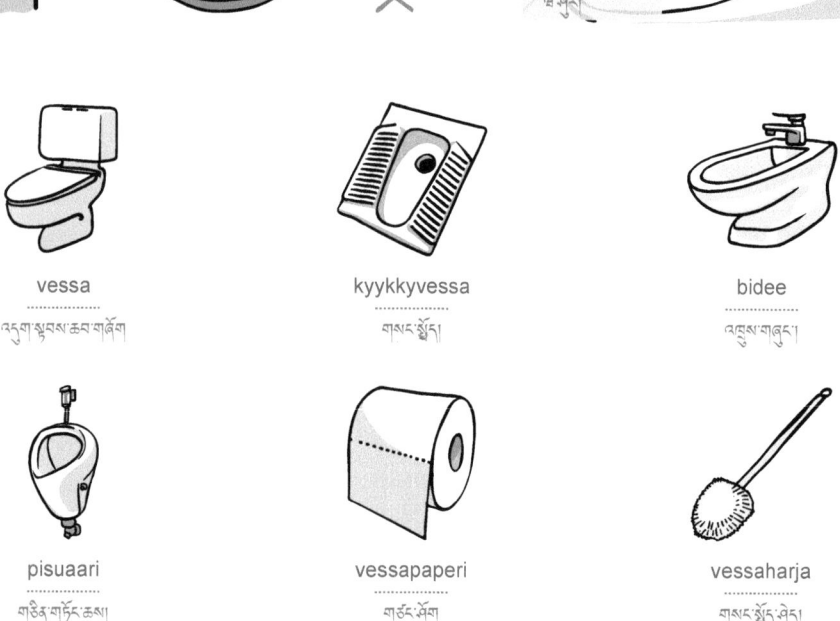

hammasharja

ས་འབྲུ།

hammastahna

ས་སྨན།

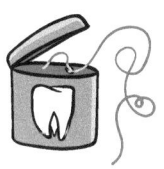

hammaslanka

ས་སྐུད།

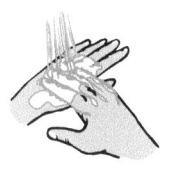

pestä

བཀྲུ་བ།

käsisuihku

ལག་ཏུ་བཀྲུ་བའི་འཁྲུ་ཆས།

intiimisuihku

ཁྲུས།

pesuvati

གཙོང་སྣོད།

selkäharja

རྒྱབ་འཤད།

saippua

སྤོས་ཆ།

suihkugeeli

ཁྲུས་ཞིབ།

shampoo

སྐྲ་འཁྲུད་ལྷེ་བ།

pesulappu

བྱུ་ལས་སྨྱུ།

viemäri

ཆུ་གཏོང་ཁ།

voide

སྐུ་སྨན།

deodorantti

དྲི་ཞིམ།

peili

ཨེ་ལོང་།

käsipeili

ཨེ་ལོང་།

partaveitsi

སྤུར་བཞར།

partavaahto

བཞར་བའི་སྤུམ།

partavesi

ཁ་སྤུ་བཞར་རྫས།

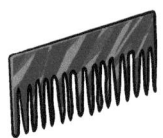

kampa

སོ་མང་།

harja

འཕད།

hiustenkuivaaja

སྐྲ་འཕུད་འཁྱལ་འཁོར།

hiuslakka

འབྲིག་སྤྲིན།

meikki

སྒྱུ་འཕྲི།

huulipuna

མཆུ་ཚོ་སྐུ།

kynsilakka

སེན་སྐུ།

pumpuli

བལ་ཐུར།

kynsisakset

སེན་ཆན།

hajuvesi

ཁྲུ་རྡི་ཞིས།

kosmetiikkalaukku

འབྲུས་ལྱག

jakkara

བཞད་ལ་ཆི་རྡོར་བ།

vaaka

ལྱ་ཁྲ།

kylpytakki

འབྲུས་གོས།

kumihansikkaat

འགྱིག་སྦྱིར་ལག་ཤུབས།

tamponi

སྨྱུད་ཞིབས།

terveysside

རྙེན་ཤོག

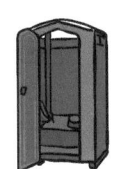

kemiallinen wc

རྫས་འགྱུར་གསང་སྤྱོད།

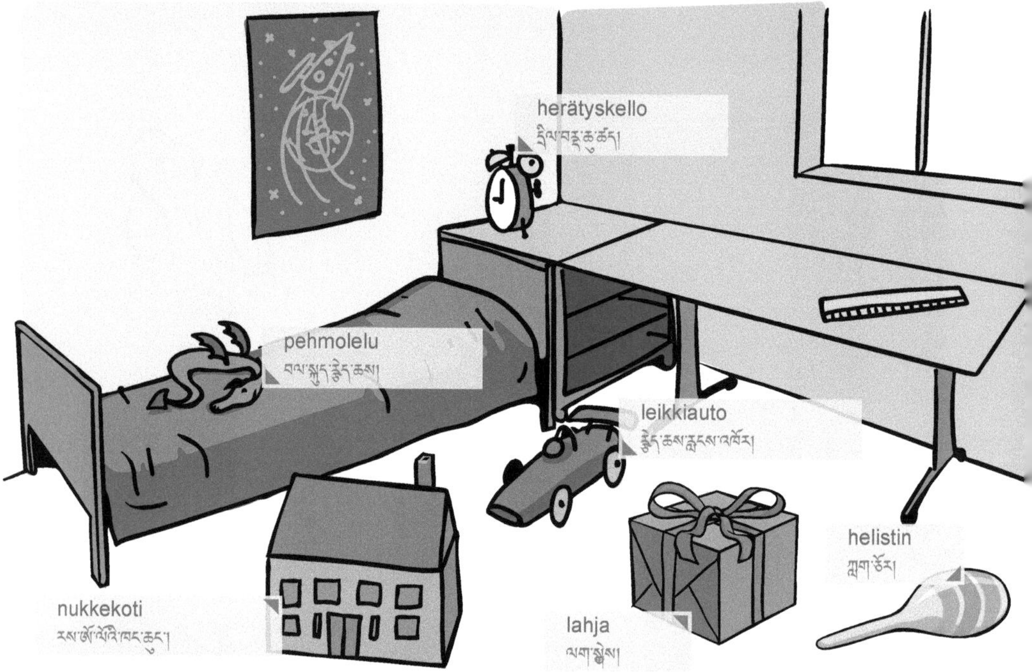

herätyskello
ཉིས་བརྡ་ཆུ་ཚོད།

pehmolelu
བལ་སྤུན་རྩེད་ཆས།

leikkiauto
རྩེད་ཆས་རླངས་འཁོར།

helistin
སྒྲག་ཆོར།

nukkekoti
རས་འོ་ལོའི་ཁང་ཆུང་།

lahja
ལག་སྟོན།

ilmapallo

དབུགས་སྒང་།

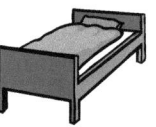

sänky

ཉལ་ཁྲི།

lastenvaunut

ཕྲུག་པའི་འཁྱོགས་འཕོར།

korttipeli

ཤོག་སྤྲག

palapeli

རིས་བསྒྲིག་རྩེད་ཆས།

sarjakuva

སྒར་འགྲེལ་རི་མོ།

legopalikat

ལེ་གོ།

rakennuspalikat

བརྩིག་ཤིང་།

supersankari

དཔའ་བོ་འགྱུར་འཕུལ་མ།

potkupuku

ཕྲུ་གུའི་རྐུབ་སྟོད།

frisbee

འཕང་སྒུར།

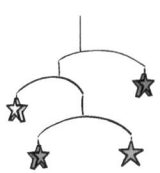

mobile

སྤུལ་བའི་རྣམ་པ།

lautapeli

རིག་པ་འདབས་ཀྱི་རོལ་རྩེད།

noppa

ཤོ་རྩེད།

pienoisjunarata

དཔེ་སྟེགས་མེ་འཁོར།

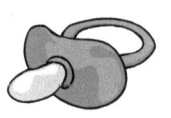

tutti

རྣུས་མ།

juhlat

འདུ་ཚོགས།

kuvakirja

རི་མོའི་དཔེ་དེབ།

pallo

པོ་ལོད།

nukke

རགས་ཚོ་པོ།

leikkiä

རྩེད་མོ་རྩེད།

hiekkalaatikko

བྱེ་རྡོག།

keinu

འཕུང་རྩེད།

lelut

རྩེད་ཆས།

pelikonsoli

རྩེད་འཕྲུལ།

kolmipyörä

འཁོར་གསུམ་འཁོར་ལོ།

nalle

ཕའི་ཏི་འུ་ལུང་།

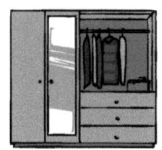

vaatekaappi

གོས་སྒམ།

vaatteet

གྱོན་ཆས།

sukat

རྐང་ལྷུབས།

nylonsukat

ཞལ་ལ་ལ།

sukkahousut

རྐང་ལྷུབས།

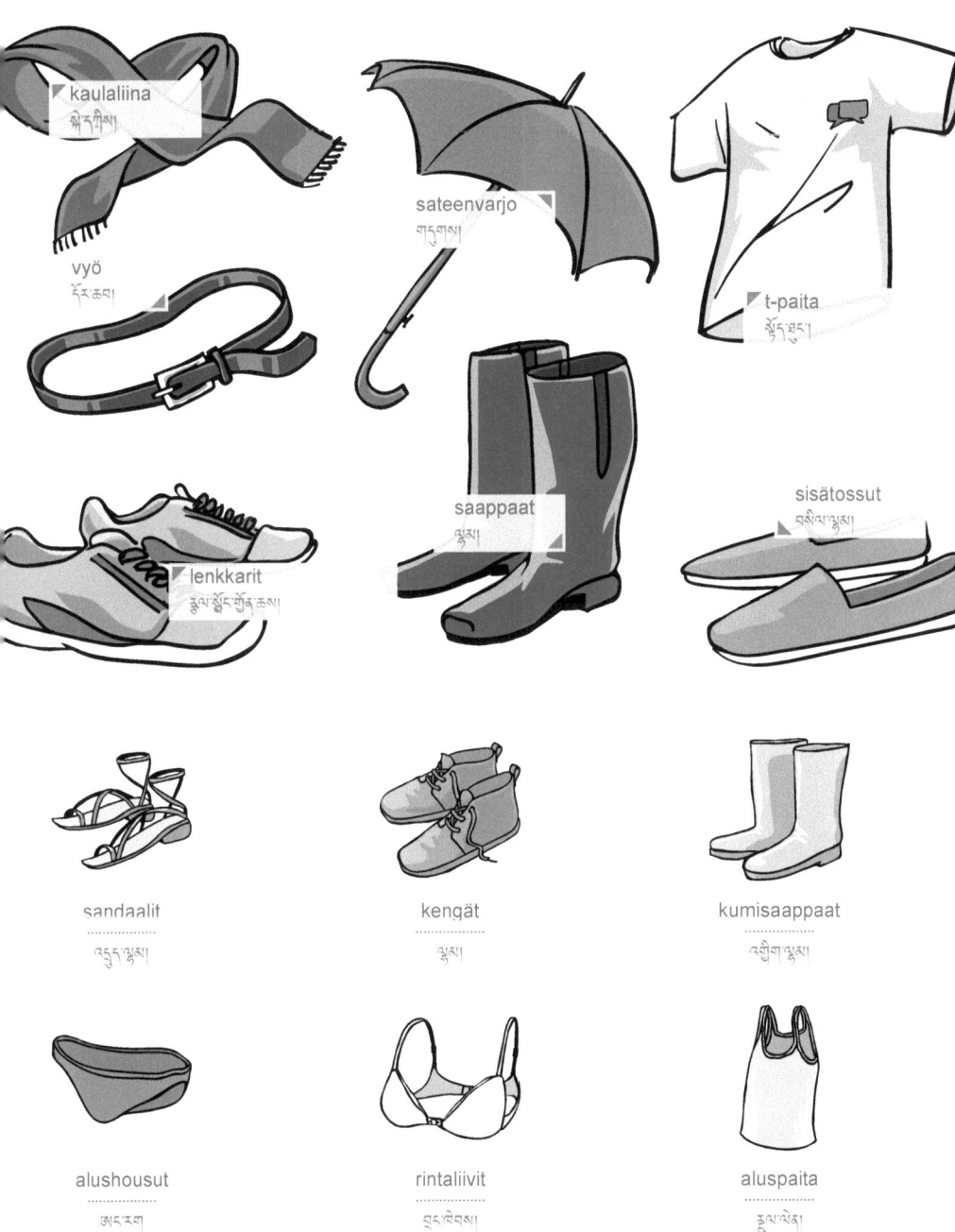

kaulaliina
སྐེ་དཀྲིས།

vyö
དོར་ཆ།

sateenvarjo
གདུགས།

t-paita
སྟོད་ཐུང་།

saappaat
ལྷམ།

sisätossut
བསིལ་ལྷམ།

lenkkarit
རྩལ་སྦྱོང་གྱོན་ཆས།

sandaalit
འདུད་ལྷམ།

kenqät
ལྷམ།

kumisaappaat
འགྱིག་ལྷམ།

alushousut
ཨང་རག

rintaliivit
བྲང་ཁེབས།

aluspaita
རྒྱབ་ཤེ།

body

ན་ཏྲིའི་གྱོན་ཆས།

housut

ཆུང་ཐོ།

farkut

འཇོནས།

hame

སྨད་གཡོགས།

pusero

ཕོག་འཛུག

paita

སྟོད་ཐུང་།

villapaita

བལ་གོས།

collegepaita

ཞྭ་ལྭ།

jakku

ཆུད་གོས་སྟོད་ལེ།

takki

ཆུ་གོ་རེ།

takki

སྟོད་གོས།

sadetakki

ཆར་གོས།

puku

གྱོན་ཆས།

mekko

གྱོན་གོས།

hääpuku

བག་གོས།

puku

དུག་སློག

yöpaita

ཉལ་གོས།

pyjama

ཉལ་གོས།

shari

ས་རི།

päähuivi

མགོ་དཀྲིས།

turbaani

ཕྱོད་དཀྲིས།

burka

ཐོག་ལྷ།

kaftaani

ག་ཟུ་ཏན།

abaya

ཨ་ཡ་ལྷ།

uimapuku

རྐྱལ་གོས།

uimahousut

ཕྱུད་ཁོག

shortsit

དོར་ཐུང་།

verkkarit

ལུས་རྩལ་སློབ་ཆས།

esiliina

པང་གདན།

käsineet

ལག་ཤུབས།

nappi

 སྐྲོག་གུ།

silmälasit

མིག་ཤེལ།

rannekoru

ལག་གདུབ།

kaulakoru

སྐེ་རྒྱན།

sormus

ཚིགས་ལེབས།

korvakoru

རྣ་ལོང་།

lippalakki

ཞྭ།

ripustin

གོས་རྟེན།

hattu

གུས་ཞྭ།

solmio

གོང་དཀྲིས།

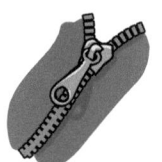

vetoketju

འཇེན་སྒྲོག

kypärä

ཐྲོག

henkselit

དཔུང་ཐག

koulupuku

སློབ་གོས།

univormu

སྒྲིག་ཆས།

ruokalappu

ལྟོ་ལྦྱེནས།

tutti

རྩུབས་མ།

vaippa

ཀྲུ་བཏུན།

toimisto

ལས་ཁངས།

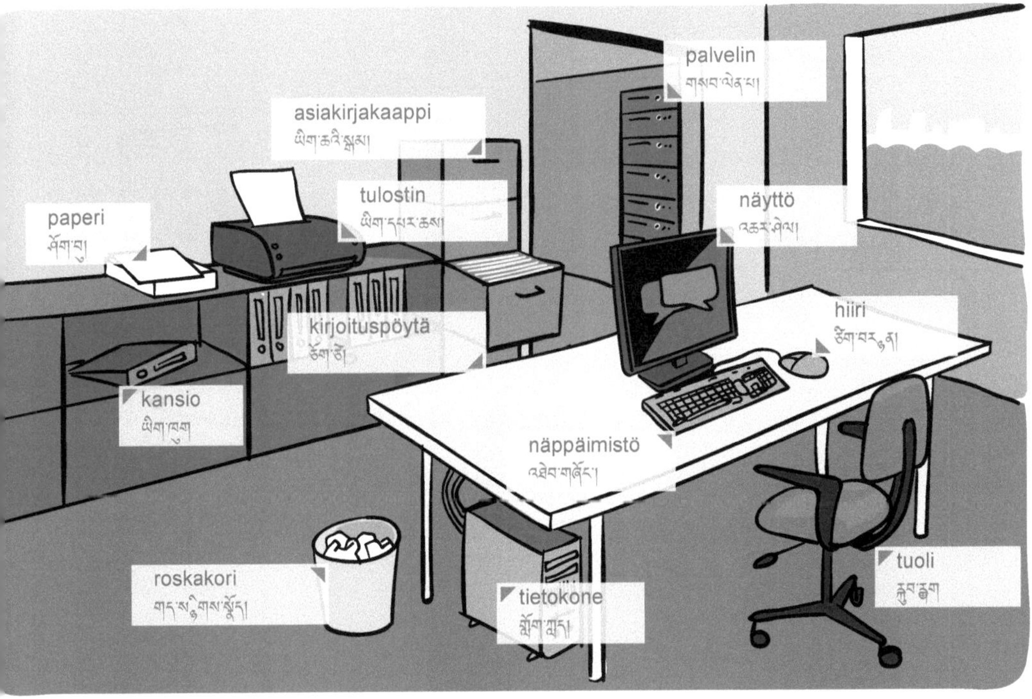

palvelin

གསབ་ལྗེན་མ།

asiakirjakaappi

ཡིག་ཆའི་སྒམ།

tulostin

ཡིག་དཔར་ཆས།

paperi

ཤོག་བུ།

näyttö

འཆར་ཤེལ།

kirjoituspöytä

ཚོག་ཙེ།

hiiri

ཙི་བ་ར་དུན།

kansio

ཡིག་ཁུག

näppäimistö

འབྲེལ་གཞོན།

roskakori

གད་སྙིགས་གས་སྣོད།

tuoli

རྐུབ་ཀྲག

tietokone

གློག་ཀླད།

kahvimuki

ཅིག་ཇ་གོ་རེ།

taskulaskin

ལག་རྩིས་འཕྲུལ་ཆས།

internet

དྲ་རྒྱ།

kannettava tietokone

ལག་འཁྱེར་གློག་ཀླད།

kirje

ཡི་གེ

viesti

འཕྲིན་ལྡུང་།

kännykkä

ལག་འཁྱེར་ཁ་པར།

verkko

དྲ་ལམ།

kopiokone

བཤུར་དཔར་ཆས།

ohjelmisto

མཉེན་ཆས།

puhelin

ཁ་པར།

pistorasia

གློར་གནད།

faksi

རྒྱུད་འཕྲིན།

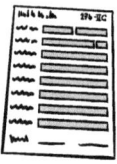

lomake

རེའུ་མིག

asiakirja

ཡིག་ཆ།

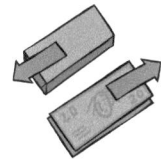

ostaa

རྗོ།

maksaa

དངུལ་སྤྲོད་པ།

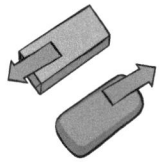

vaihtaa

ཆོད་རྗལག་པ།

raha

སྤྲོར་མོ།

USD

dollari

ཨ་སྒོར།

EUR

euro

ཡོ་སྒོར།

JPY

jeni

ཇེ་ཀོན།

RUB

rupla

རབ་བྲིས།

CHF

frangi

སུའེ་ཋེར་གྱི་རུ་རན་སིའི་སྤྲོར་མོ།

CNY

renminbi juan

རྒྱ་དངག་གི་སྤྲོར་མོ།

INR

rupia

ལའ་པི།

pankkiautomaatti

ལག་དངུལ་གྱི་གསས།

rahanvaihto

བརྗེ་འགྱུར་ལས་ཁངས།

kulta

གསེར།

hopea

དངུལ།

öljy

སྣུམ།

energia

ནུས་ཤུགས།

hinta

རིན་གོང་།

sopimus

གན་རྒྱ།

vero

དཔྱ་ཁྲལ།

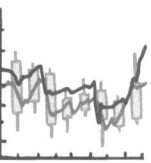

osake

ཚོང་རྫས།

työskennellä

ལས་ཀ་བྱེད་པ།

työntekijä

ལས་བྱེད་པ།

työnantaja

ལས་ཀ་སྤྲོད་མཁན།

tehdas

བཟོ་གྲྭ།

liike

ཚོང་ཁང་།

ammatit
ལས་རིགས།

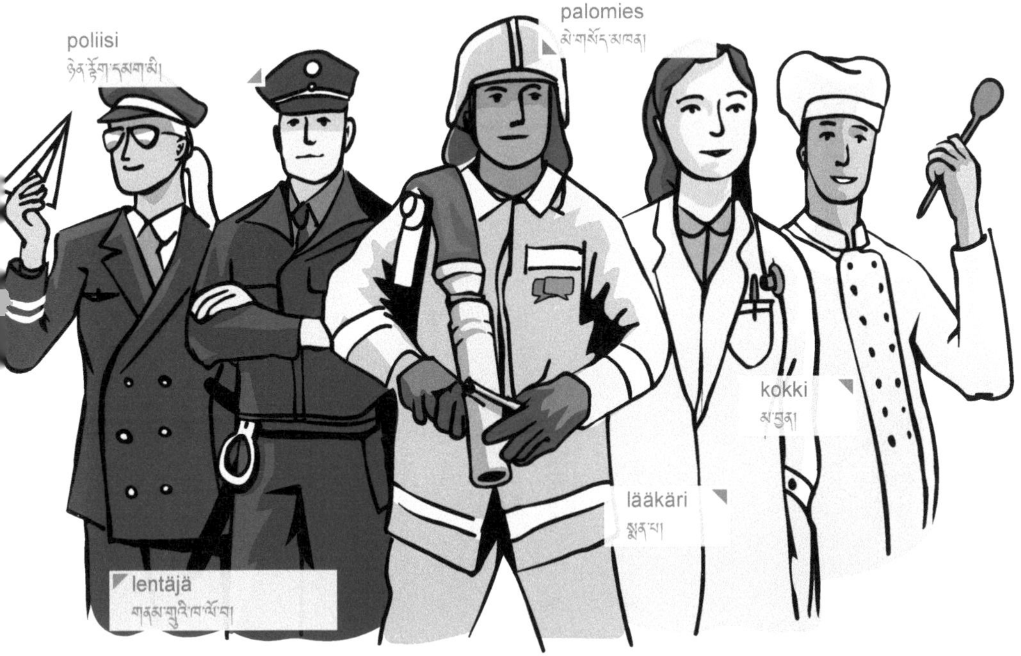

poliisi
ཉེན་རྟོག་དམག་མི།
palomies
མེ་གསོད་མཁན།
kokki
མ་བྱན།
lääkäri
སྨན་པ།
lentäjä
གནམ་གྲུའི་ཁ་ལོ་པ།

puutarhuri

ལྡུམ་ར་བ།

puuseppä

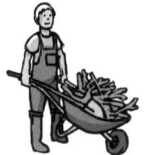

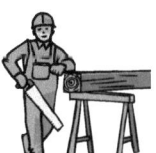

ཤིང་བཟོ་བ།

ompelija

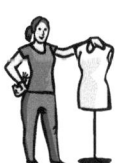

ཚེམ་མཁན་མ།

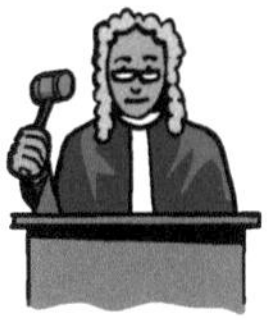

tuomari

ཁྲིམས་དཔོན།

kemisti

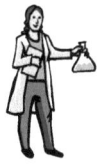

རྫས་སྦྱོར་མཁས་པ།

näyttelijä

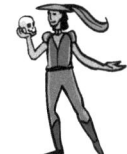

གློག་བརྙན་འཁྲབ་སྟོན་པ།

linja-autonkuljettaja

ཁ་ལོ་བ།

taksinkuljettaja

སྐྱི་རྟགས་ཀྲུང་འཕོར་ཁ་ལོ་བ།

kalastaja

ཉ་པ།

siivooja

གཙང་སྦྲ་བྱེད་མཁན།

katontekijä

ཁང་ཐོག་བཟོ་མཁན།

tarjoilija

ཞབས་ཞུ་བ།

metsästäjä

རྔོན་པ།

maalari

ཚོན་རྩི་གཏོང་མཁན།

leipuri

བག་ལེབ་ལས་མཁན།

sähköasentaja

གློག་བཟོ་མཁན།

rakentaja

ཨར་ལས་པ།

insinööri

ཨར་ལས་འཆར་འགོད་པ།

teurastaja

བཤན་པ།

putkiasentaja

ཆུ་ལམ་བཟོ་སྐྲུག་པ།

postinjakaja

ཡིག་སྐྱེལ་བ།

sotilas

དྲུག་ག་སྲི།

arkkitehti

ཨེར་ལས་པ།

kassanhoitaja

དངུལ་གཉེར།

floristi

མེ་གསོད་ལས་ཁན།

kampaaja

སྐྲ་བཟོ་ལས་ཁན།

konduktööri

སྐུ་འདྲེན།

mekaanikko

བཟོ་ལས་པ།

kapteeni

འགོ་ཁྲིད།

hammaslääkäri

སོ་བའི་སྨན་པ།

tiedemies

ཚན་རིག་པ།

rabbi

འཇིའུ་སློབ་དཔོན།

imaami

ཨི་མམ།

munkki

གྲྭ་པ།

pappi

ཆོས་དོན་གཉེར་ལས་ཁན།

työkalut

སྤྱོད་ཆས།

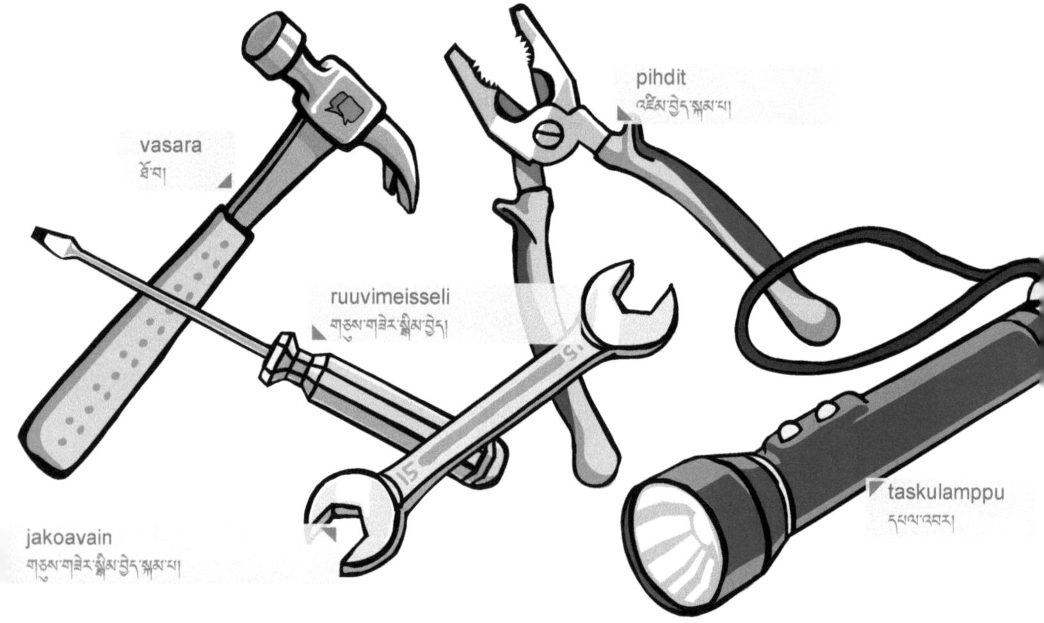

vasara
ཐོ་བ།
pihdit
འཛིམ་བྱེད་སྐམ་པ།
ruuvimeisseli
གཅུས་གཟེར་སྒྲིམ་བྱེད།
jakoavain
གཅུས་གཟེར་སྒྲིམ་བྱེད་སྐམ་པ།
taskulamppu
དཔལ་འབར།

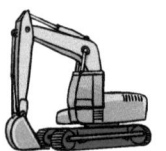

kaivinkone

སྔོག་མཁན།

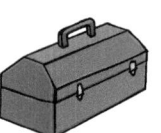

työkalupakki

སྤྱོད་ཆས་སྒམ།

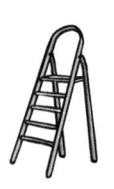

tikkaat

འཛེགས་སྐས།

saha

སོག་ལེ།

naulat

ལྕགས་གཟེར།

pora

འབིགས་གསོར་འཕྲུལ་འཁོར།

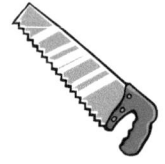

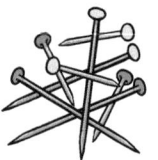

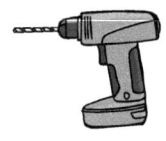

korjata

བཀྲོ་བཅོས་རྒྱག་པ།

lapio

སྐྱོག་མ།

Hitto!

ཨ་མའི་ག

rikkalapio

གད་བཙིགས་གཡུགས་བྱེད་ལྗུགས།

maalipurkki

སྐུམ་ཟོ།

ruuvit

གཙུག་གཟེར།

soittimet
 རོལ་ཆས།

kaiuttimet
སྒྲ་སྣོམ།

rummut
རྔ་ལུབས།

kontrabasso
སྒྲ་དམའི་ཆོས་ལེན།

trumpetti
འབུད་རྒྱུད།

kitara
སྒྲ་རྒྱུག

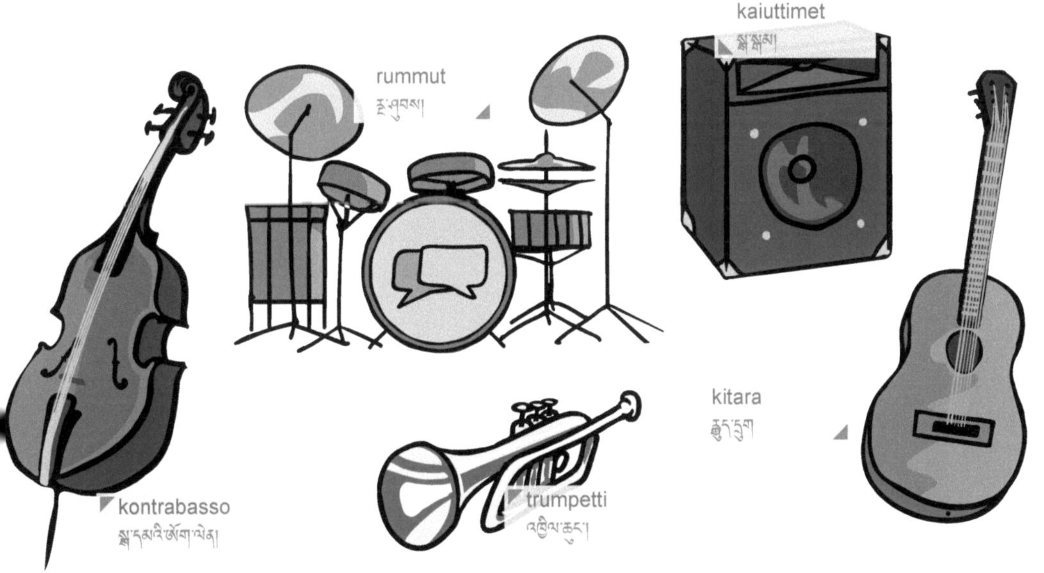

piano

རོལ་སྐྱེད།

viulu

འདེགས་ཆུད།

basso

སྒྲ་གདངས་དམའ་བ།

patarummut

སྒྲ་སྒྲོག་རྡོབ་པ།

rumpu

རྔ།

kosketinsoitin

མཐེབ་གནོན།

saksofoni

སག་སོ་ཧོན།

huilu

འཕྱེད་གླིང་།

mikrofoni

སྐད་སྒྲུག

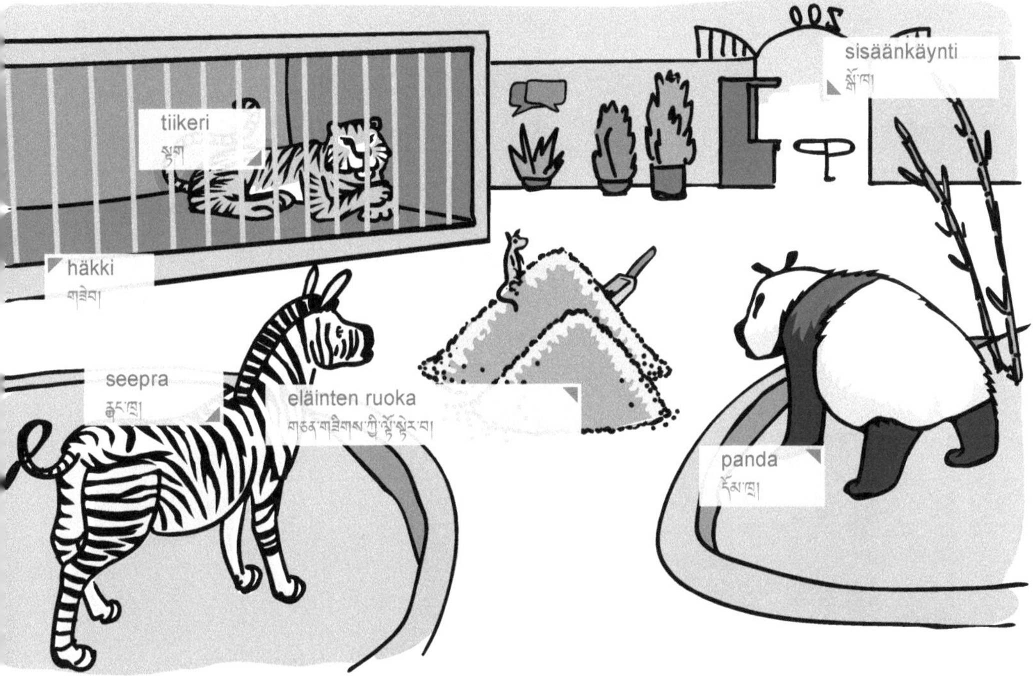

tiikeri
སྟག

sisäänkäynti
སྒོ་ཁ།

häkki
གཟེབ།

seepra
རྟ་ཁྲ།

eläinten ruoka
གཅན་གཟན་རྣམས་ཀྱི་ཟོ་ཆས་ཁ་བ།

panda
དོམ་ཁྲ།

eläimet
སྲོག་ཆགས།

norsu
གླང་ཆེན།

kenguru
ཀང་རུ།

sarvikuono
བསེ་རུ།

gorilla
སྤྱི་སྟོབ།

karhu
དོམ།

kameli

རྟ་མོང་།

strutsi

རྟ་མོང་བྱ་ཆེན།

leijona

སེང་གེ།

apina

སྤྲེའུ།

flamingo

ངང་པའི་རྒྱལ་པོ།

papukaija

ནེ་ཙོ།

jääkarhu

དོམ་དཀར།

pingviini

བྱ་ཆེན་མེད་གྲུན།

hai

ཉ་ཆེན་མཆུ།

riikinkukko

རྨ་བྱ།

käärme

སྦྲུལ།

krokotiili

ཆུ་སྲིན།

eläintarhanhoitaja

གཅན་གཟན་ཁང་གི་གསོ་སྐྱོང་མཁན།

hylje

མཚོ་གླང་།

jaguaari

གཅན་གཟན་གུང་།

poni

ཨ་ལ་རྟ།

leopardi

གཟིག

virtahepo

ཆུ་གཙོ་ཕག

kirahvi

སྤྱ་ཁ་ལེ་རིང་།

kotka

ཁྲ།

villisika

ཕོ་ཕག

kala

ཉ།

kilpikonna

རུས་སྦལ།

mursu

ཕྱི་བ་རམས།

kettu

ཝ་མོ།

gaselli

དགོ་བ།

amerikkalainen jalkapallo
ཨ་རིའི་རྐང་རྩེད་སྤོ་ལོ།

pyöräily
རྐང་འཁོར་རི་ལ་བཞོན་པ།

tennis
ཏེ་ནི་སི།

koripallo
ལན་ཆིའི་སྤོ་ལོ།

uinti
ཆུ་སྐྱལ་བ།

nyrkkeily
སྒོག་མིད།

jääkiekko
ཆོག་གིའི།

jalkapallo
རྐང་རྩེད་པོ་ལོ།

sulkapallo
བྱ་སྒྲོའི་སྤོ་ལོའི་རྩེད་མོ།

yleisurheilu
ལུས་རྩལ་ལས་འགུལ།

käsipallo
ལག་རྩེད་པོ་ལོ།

hiihto
གངས་ཤུད་པ་ལེབ།

poolo
པོ་ལོ།

nauraa
གད་མོ་དགོད་པ།

hypätä
མཆོང་བ།

halata
འཁྱུད་འདུད་བྱེད་པ།

kävellä
གོམ་པ་སྤོ་བ།

laulaa
གླུ་ལེན་པ།

unelmoida
རྨི་ལམ་སློང་བ།

rukoilla
གསོལ་བ་འདེབས་པ།

suudella
ཁོ་བྱེད་པ།

kirjoittaa
འབྲི་བ།

piirtää
འབྲི་བ།

näyttää
མིག་ལ་སྟོན་པ།

painaa
འབད་རྩོལ་གཏོང་བ།

antaa
སྤྲོད་པ།

ottaa
ལེན་པ།

omistaa

ཡོད།

tehdä

བྱེད།

olla

ཡིན།

seisoa

ལངས་པ།

juosta

རྒྱུ་པ།

vetää

འཐེན་པ།

heittää

འཕེན་པ།

kaatua

ལྷུང་བ།

maata

ཉལ་བ།

odottaa

སྒུག་པ།

kantaa

འཁྱེར།

istua

མར་སྡོད་པ།

pukeutua

གྱོན་པ།

nukkua

གཉིད་ཉལ་བ།

herätä

ཡར་ལངས་པ།

katsoa

ལྟ་བ།

itkeä

དུ་བ།

silittää

གོན་པ་གཉེན་པ།

kammata

སྐྲ་གཤད་པ།

puhua

སྐད་ཆ་བཤད་པ།

ymmärtää

རྟོགས་པ།

kysyä

དྲི།

kuunnella

ཉོས་པ།

juoda

འཐུང་།

syödä

ཟ།

siivota

ལེགས་སྒྲིག

rakastaa

དགའ་བ།

keittää

བཙོ་བ།

ajaa

རྫས་འཁོར་གཏོང་བ།

lentää

འཕུར་བ།

aktiviteetit - བྱེད་ལས།

purjehtia

རྒྱ་མཚོར་སྐྱོད་པ

laskea

རྩིས་རྒྱག་པ

lukea

སློག་པ

oppia

སློབ་སྦྱོང་བྱེད་པ

työskennellä

ལས་ཀ་བྱེད་པ

mennä naimisiin

གཉེན་སྒྲིག་བྱེད་པ

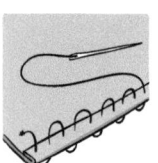

ommella

འཚེམ་པ

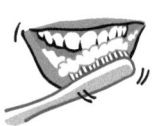

pestä hampaat

སོ་འཁྲུས།

tappaa

གསོད་པ

tupakoida

འདུ་བ་འཐེན་པ

lähettää

གཏོང་བ

perhe
ཁྱིམ་ཚང་།

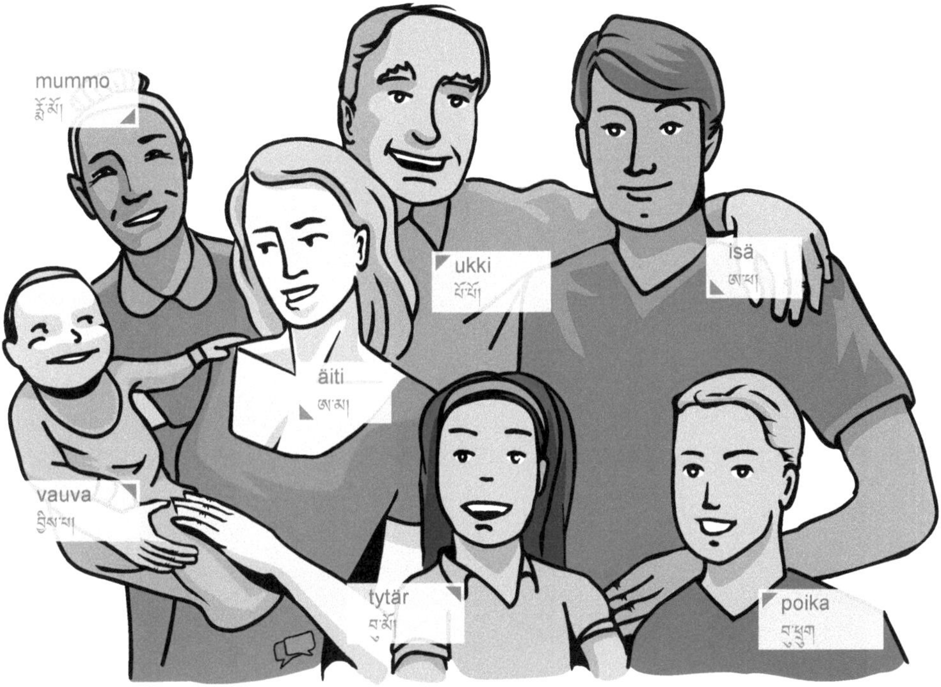
mummo
རྨོ་མོ།
ukki
པོ་པོ།
isä
ཨ་ཕ།
äiti
ཨ་མ།
vauva
བྱིས་པ།
tytär
བུ་མོ།
poika
བུ་ཕྲུག

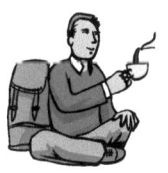

vieras
....
མགྲོན་པོ།

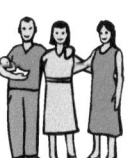

täti
....
ཨ་ནེ།

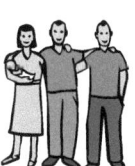

setä
....
ཨ་ཁུ

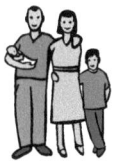

veli
....
ཕུ་ནུ།

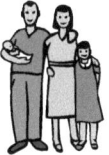

sisko
....
ཨ་ཅེ།

vartalo

ལུས་ཕུངས།

otsa
ཐོད་པ།
silmä
མིག
olkapää
ཕྲག་པ།
sormet
མཛུབ་མོ།
kasvot
ངོ་གདོང་།
leuka
མ་ནེ།
käsi
ལག་པ།
jalka
རྐང་པ།
rinta
ནུ་མ།
käsivarsi
ལག་ངར།

vauva
 བྱིས་པ།

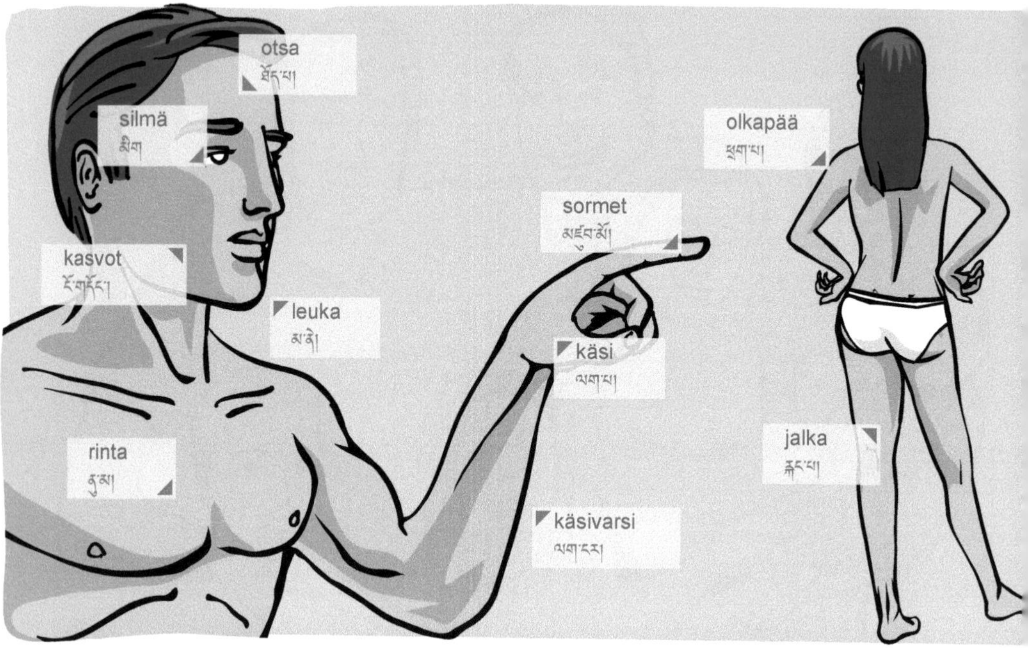

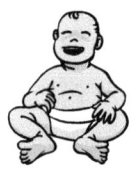

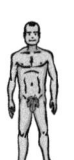

mies
སྐྱེས་པ

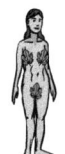

nainen
བུད་མེད།

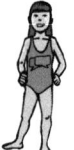

tyttö
བུ་མོ།

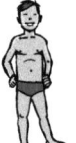

poika
བུ།

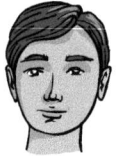

pää
མགོ།

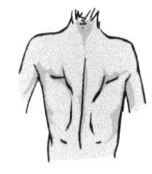

selkä

སྒལ་པ།

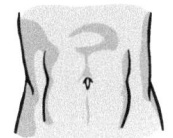

maha

ཕོག་པ།

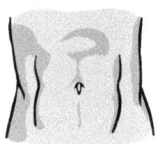

napa

ལྟེ་བ།

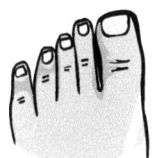

varvas

རྐང་མཛུབ།

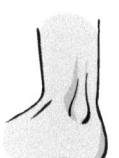

kantapää

རྟིང་ཀ།

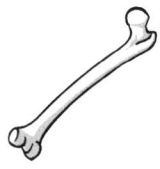

luu

རུས་པ།

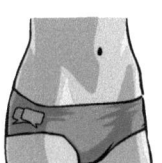

lantio

དཔྱི་མགོ།

polvi

པུས་མོ།

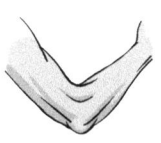

kyynärpää

གྲུ་མོ།

nenä

སྣ།

takapuoli

རྐུབ།

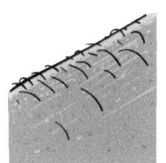

iho

པགས་པ།

poski

འགྲམ་པ།

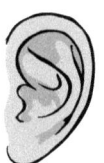

korva

རྣ་མཆོག

huuli

མ་མཆུ།

vartalo - ལུས་པོ་དངས།

suu

ཁ་

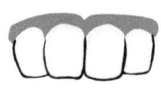

hammas

སོ།

kieli

ལྕེ།

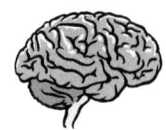

aivot

ཀླད་པ།

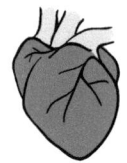

sydän

སྙིང་།

lihas

ཤ་གནད།

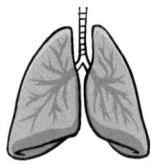

keuhkot

གློ་བ།

maksa

མཆིན་པ།

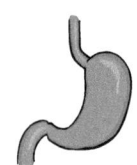

vatsa

གྲོད་པ།

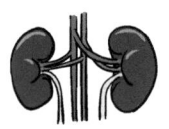

munuaiset

མཁལ་མ།

seksi

འཁྲིག་སྤྱོད།

kondomi

སྣུང་ཤུབས།

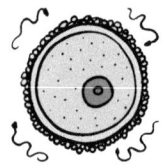

munasolu

ཁམས་དཀར་པ།

sperma

ཁམས་དཀར།

raskaus

སྦྲུམ་མའི་གནས་སྐབས།

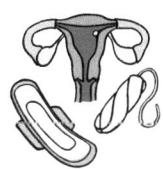

kuukautiset

སྨྲ་མ་ཚོན།

vagina

 སྨེ་སྨོ།

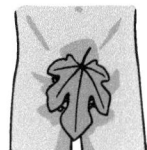

penis

ཕོ་མ་ཚོན།

kulmakarvat

སྨྲིན་མ།

hiukset

སྐྲ།

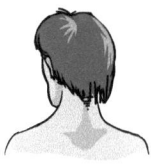

niska

སྐེ།

sairaala

སྨན་ཁང་།

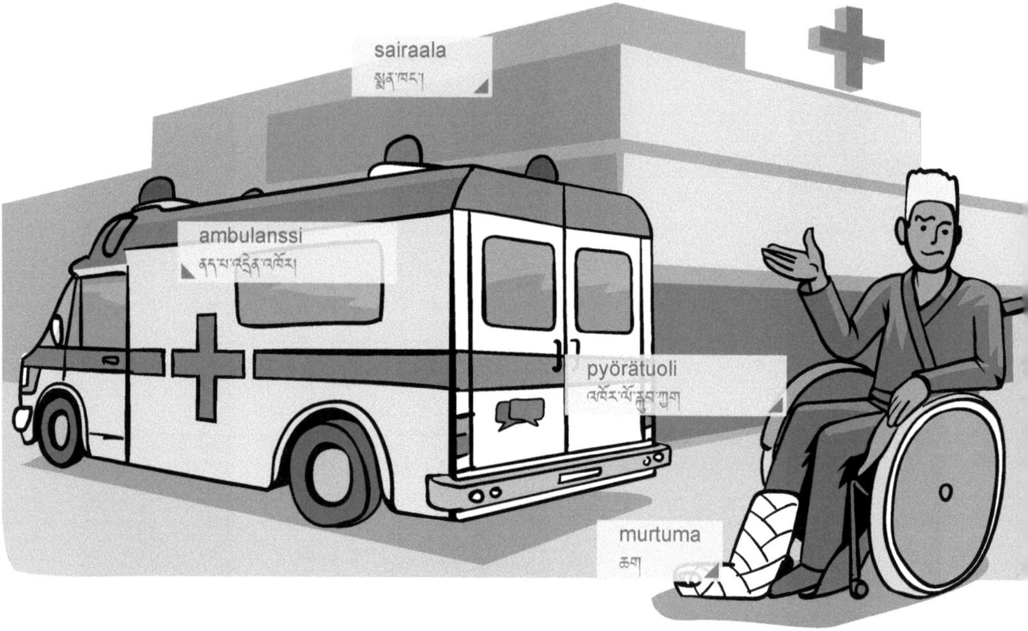

sairaala
སྨན་ཁང་།
ambulanssi
ནད་པ་འདྲེན་འཁོར།
pyörätuoli
འཁོར་ལོ་རྐུབ་ཀྱག
murtuma
ཆག

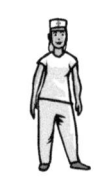

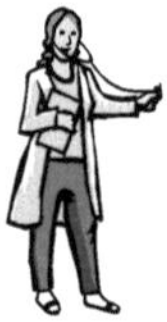

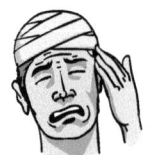

lääkäri

སྨན་པ།

ensiapu

མྱུར་སྐྱོབ་ཁང་།

sairaanhoitaja

ནད་གཡོག

hätätilanne

མྱུར་སྐྱོབ།

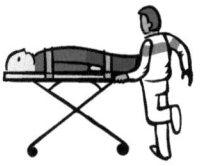

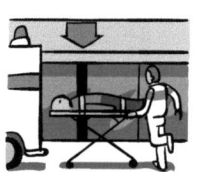

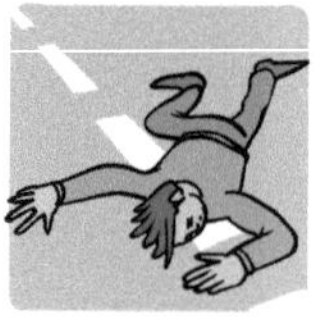

tajuton

དྲན་པ་འཐོར།

kipu

ཟུག་རྔུ།

vamma

ཁྲག་བཞུར་བ།

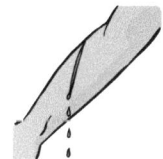

verenvuoto

ཁྲག་བཞུར་བ།

sydänkohtaus

སྙིང་ཁྲག་དྭངས་གགས་པ།

aivoinfarkti

གཟན་ཐོག

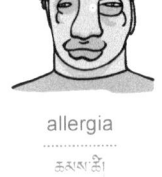

allergia

ཚ་བས་སྲི།

yskä

གློ་ཆགས་པ།

kuume

ཚ་བ་རྒྱས་པ།

flunssa

ཚ་བས་རིམས།

ripuli

བཤལ་ནད།

päänsärky

མགོ་ན།

syöpä

སྐྲན་ནད།

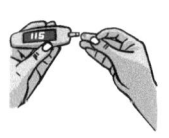

diabetes

གཅིན་སྙི།

kirurgi

གཤག་བཅོས་སྨན་པ།

veitsi

གཤག་བཅོས་གྲི།

leikkaus

བརྐོས་བཅོས།

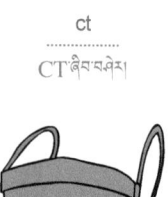

ct CT ཞིབ་བཤེར།	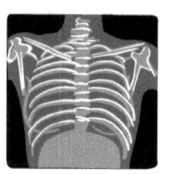 röntgen གློག་དཔར།	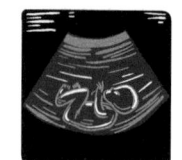 ultraääni བརྟག་ལྟའི་གློག་པར།
maski རོ་ཁེབས།	 sairaus ནད།	 odotushuone སྒུག་ཁང་།
 sauva ཉ་བོའི་འཁར་ཤིང་།	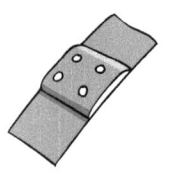 laastari ཐལ་རྒྱག	 side རྒྱ་དཀྲིས།
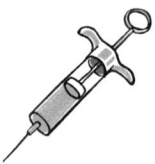 pistos ཁབ།	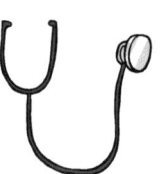 stetoskooppi ནད་ཞིབ་ཉན་སྐྱ་འཕུལ་ཆས།	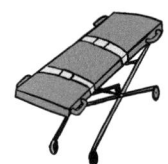 paarit འགྲོག་འཁུར།
 kuumemittari ཚ་དྲག་རྙིས་ཆས།	 syntymä སྐྱེ་བ།	 ylipaino ལྕིད་བརྒལ།

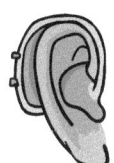

kuulolaite

རྣ་བའི་ཡོ་བྱད།

desinfiointiaine

དུག་སེལ་སྨན་རྫས།

infektio

འགོ་ནད།

virus

དུག་སྲིན།

HIV / AIDS

ཨེ་ཙི་ཨེན་དུག

lääke

སྨན།

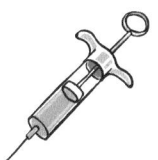

rokotus

སྟོན་འགོག་སྨན་ཁབ།

tabletit

སྨན་རིལ།

pilleri

རྒྱེ་འགོག་སྨན།

hätäpuhelu

མྱུར་སྐྱོབ་འབོད་པ།

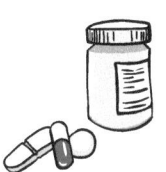

verenpainemittari

ཁྲག་གཤེན་ཚད་ཆས།

sairas / terve

ནད་པ་བདེ་ཐང་པོ།

Apua!

ཕྱག་སྐྱོབ་ཡོ།

hälytys

ཉེན་བརྡ།

ryöstö

རྐུ་འཕྲོག།

hyökkäys

བཙན་རྐོག

vaara

ཉེན་ཁ།

hätäuloskäynti

བྲལ་སྒོ་ཕྱིན་སྒོ།

Tulipalo!

མེ།

palosammutin

མེ་གསོད་ཡོ་བྱད།

onnettomuus

འཕྲལ་ཉེན།

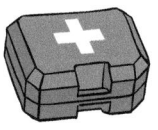

ensiapulaukku

སྱུར་སྐྱོབ་སྨན་སྒམ།

SOS

ཟུར་སྐྱོབ་སྐྱོབས།

poliisilaitos

ཉེན་རྟོག་པ།

Eurooppa

ཡོ་རོབ།

Pohjois-Amerikka

ཨ་མེ་རི་ཀའི་བྱང་མ།

Etelä-Amerikka

ཨ་མེ་རི་ཀའི་ལྷོ་མ།

Afrikka

ཨ་ཧྥི་རི་ཀ།

Aasia

ཨེ་ཤི་ཡ།

Australia

ཨོ་སི་ཐྲ་ལི་ཡི་ཡ།

Atlantin valtameri

ཨ་ཁ་ཆེན་རྒྱ་མཚོའི།

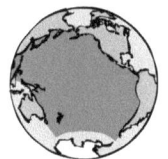

Tyynimeri

ཞི་བདེའི།

Intian valtameri

རྒྱ་གར་རྒྱ་མཚོ།

Eteläinen jäämeri

ལྷོ་ཕྱོའི་རྒྱ་མཚོ།

Pohjoinen jäämeri

བྱིང་ཕྱོགས་མའི་རྒྱ་མཚོ།

pohjoisnapa

བྱང་རྩེ།

etelänapa

ཚོ་གོ་སྐྱི།

Antarktis

ཚོ་སྐྱི་སྐྱིད།

maa

སི་གོ་ལ།

maa

ས།

meri

རྒྱ་མཚོ།

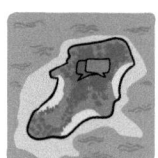

saari

གྱིང་ཀ

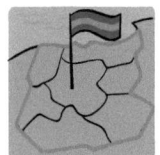

kansa

རྒྱལ་ཁབ།

osavaltio

རྒྱལ་ཁབ།

 དུས་ཚོད་འཁོར་ལོ།

kellotaulu

ཆུ་ཚོད།

tuntiviisari

ཆུ་ཚོད་ཀྱི་མདའ།

minuuttiviisari

སྐར་མདའ།

sekuntiviisari

སྐར་མདའ།

Paljonko kello on?

དུས་ཚོད་ག་ཚོད་རེད།

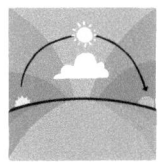

päivä

ཉིན།

aika

དུས་ཚོད།

nyt

ད་ལྟ།

digitaalikello

པར་འཕྲུལ་དུས་ཚོད་ཅན་གྱི་ཆུ་ཚོད།

minuutti

སྐར་མ།

tunti

དུས་ཚོད།

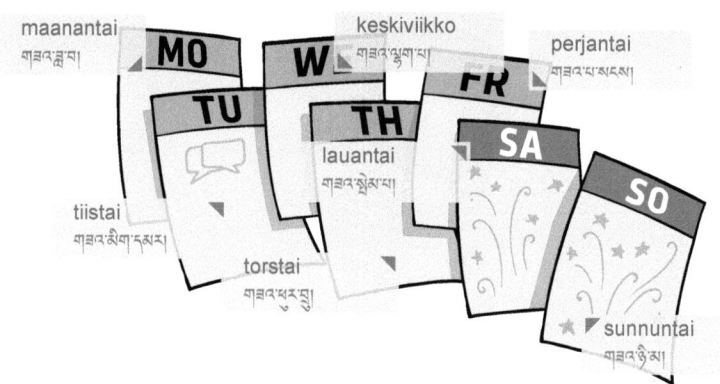

maanantai
གཟའ་ཟླ་བ།

keskiviikko
གཟའ་ལྷག་པ།

perjantai
གཟའ་པ་སངས།

tiistai
གཟའ་མིག་དམར།

torstai
གཟའ་ཕུར་བུ།

lauantai
གཟའ་སྤེན་པ།

sunnuntai
གཟའ་ཉི་མ།

eilen

ཁ་སང་།

tänään

དེ་རིང་།

huomenna

སང་ཉིན།

aamu

ཞོགས་པ།

keskipäivä

ཉིན་དགུང་།

ilta

དགོངས་མོ།

MO	TU	WE	TH	FR	SA	SU
1	2	3	4	5	6	7
8	9	10	11	12	13	14
15	16	17	18	19	20	21
22	23	24	25	26	27	28
29	30	31	1	2	3	4

työpäivät

ལས་གཉེར་ཉིན་མོ།

MO	TU	WE	TH	FR	SA	SU
1	2	3	4	5	6	7
8	9	10	11	12	13	14
15	16	17	18	19	20	21
22	23	24	25	26	27	28
29	30	31	1	2	3	4

viikonloppu

བདུན་ཕྲག་གི་མཇུག་འཚོལ།

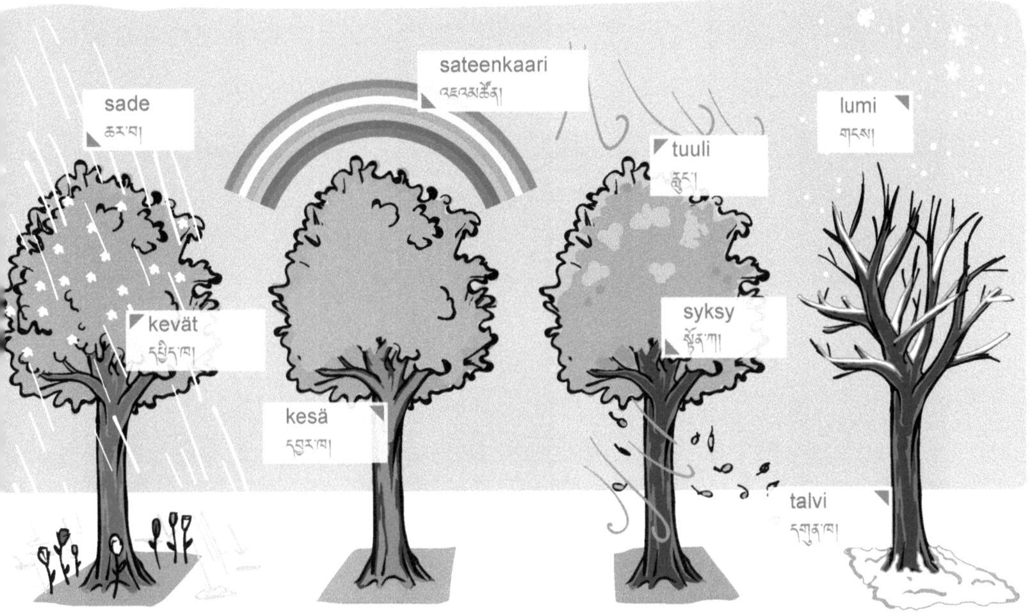

sade
ཆར་པ།

sateenkaari
འཇའ་ཚོན།

lumi
གངས།

tuuli
རླུང་།

kevät
དཔྱིད་ཀ

kesä
དབྱར་ཁ

syksy
སྟོན་ཀ

talvi
དགུན་ཁ

4.APRIL	11°	☀
5.APRIL	4°	☁
6.APRIL	13°	☂
7.APRIL	8°	☀
8.APRIL	10°	☀

sääennuste
གནམ་གཤིས་སྔོན་བརྡ།

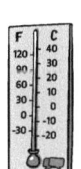

lämpömittari
ཚད་ཚོད་རྩིས་ཆས།

auringonpaiste
ཉི་འོད།

pilvi
སྤྲིན།

sumu
སྨུག་པ།

ilmankosteus
བརླན་ཚད།

salama

 གློག

ukkonen

འབྲུག་སྐད།

myrsky

རླུང་འཚུབ།

rae

སེར་བ།

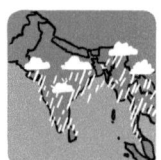

monsuuni

དུས་ཆར།

tulva

ཆུ་ལོག

jää

འཁྱགས་པ།

tammikuu

སྤྱི་ཟླ་དང་པོ།

helmikuu

སྤྱི་ཟླ་གཉིས་པ།

maaliskuu

སྤྱི་ཟླ་གསུམ་པ།

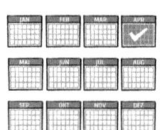

huhtikuu

སྤྱི་ཟླ་བཞི་པ།

toukokuu

སྤྱི་ཟླ་ལྔ་པ།

kesäkuu

སྤྱི་ཟླ་དྲུག་པ།

heinäkuu

སྤྱི་ཟླ་བདུན་པ།

elokuu

སྤྱི་ཟླ་བརྒྱད་པ།

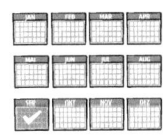

syyskuu

སྤྱི་ཟླ་དགུ་པ།

lokakuu

སྤྱི་ཟླ་བཅུ་པ།

marraskuu

སྤྱི་ཟླ་བཅུ་གཅིག་པ།

joulukuu

སྤྱི་ཟླ་བཅུ་གཉིས་པ།

muodot

རྣམ་པ།

ympyrä

སྒོར་སྒོར།

neliö

གྲུ་བཞི་མ།

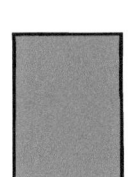

suorakulmio

གྲུ་བཞི་རིང་མོ།

kolmio

ཟུར་གསུམ་མ།

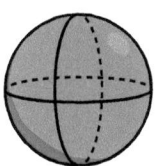

pallo

རིལ་གཟུགས།

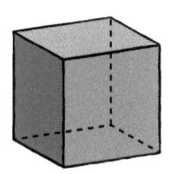

kuutio

ཀྲུ་དཔངས་གྲུ་བཞི་མ།

valkoinen

དཀར་པོ།

keltainen

སེར་པོ།

oranssi

ལི་དབང་།

vaaleanpunainen

སྐྱེད་སྐྱ།

punainen

དམར་པོ།

violetti

མུ་མེན་མདོག

sininen

སྔོན་པོ།

vihreä

ལྗང་གུ

ruskea

རྒྱ་སྐྱ།

harmaa

སྐྱ་པོ།

musta

ནག་པོ།

paljon / vähän

མང་པོ་ཉུང་བ།

vihainen / ystävällinen

ཁྲོ་བོ་ཞི་འཛུམ་ཅན།

kaunis / ruma

མ་རབས་ཨ་ཁལ།

alku / loppu

སྒོ་བཙུགས་པ་མཇུག་སྐྱེལ།

suuri / pieni

ཆེ་བ་ཆུང་བ།

vaalea / tumma

འོད་ཕྲེང་ཕྱོགས་མུན་ནག

veli / sisko

ཕ་སྤུན་ལ་ཆེ།

puhdas / likainen

གཙང་མ་བཙོག་པ།

täydellinen / epätäydellinen

ཆ་ཆོང་བ་ཆ་མ་ཆོང་བ།

päivä / yö

ཉིན་མོ་མཚན་མོ།

kuollut / elävä

གཤིན་པོ་གསོན་པོ།

leveä / kapea

ཡངས་པོ་དོག་པོ།

syötävä / syömäkelvoton

ཟ་རུང་ཟ་མི་རུང་བ།

paha / kiltti

ངན་པ་སེམས་བཟང་།

innostunut / tylsistynyt

དགའ་སྤྲོ་སྐྱོ་གནས་སྤྲུང་སྙིང་པ།

lihava / laiha

ཚོན་པོ་རིད་པོ

ensimmäinen / viimeinen

དང་པོ་མཐའ་མ།

ystävä / vihollinen

གྲོགས་པོ་དགྲ་པོ

täysi / tyhjä

ཁེངས་པ་སྟོང་པ།

kova / pehmeä

མཁྲེགས་པོ་འཇམ་པོ

painava / kevyt

ལྗིད་པོ་ཡང་པོ

nälkä / jano

བཀྲེས་པ་སྐོམ་པ།

sairas / terve

ནད་པ་བདེ་པོ་ཐང་པོ

laiton / laillinen

ཁྲིམས་འགལ་གྱི་ཁྲིམས་གྱི

älykäs / tyhmä

རིག་པ་ཅན་གླེན་པ།

vasen / oikea

གཡོན་གཡས།

lähellä / kaukana

ཉེ་པོ་ཐག་རིང་པོ

uusi / käytetty

གསར་པ་ང་ྡེད་སོ་ད།

ei mitään / jotain

གང་ཡང་མིན་པ་ག་རེ་ཡིན་ན།

vanha / nuori

ཕོན་མོ་བ་གགཞོན་ནུ།

päällä / pois päältä

སྤྱོད་ཡམ།

auki / kiinni

ཁ་འབྱེད་ནས་ཡོད་པ་ྱིག་བཏད་ནས་ཡོད་པའི།

hiljainen / äänekäs

ཁ་མིར་པོ་སྐ་ཆེན་པོ།

rikas / köyhä

ཕྱུག་པོ་ྟོ་སོ།

oikein / väärin

ཡོས་ཆེག་ནོར་བ།

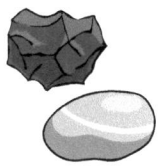

karhea / sileä

རྩུབ་པོ་འཇམ་པོ།

surullinen / iloinen

ཡིད་སྐྱོབི་དགའ་པོ།

lyhyt / pitkä

ཐུང་ག་རིང་བ།

hidas / nopea

དལ་གསུར་བ།

märkä / kuiva

རློན་པ་སྐམ་པོ།

lämmin / viileä

དྲོན་པོ་གྲང་པོ།

sota / rauha

འཐབ་པ།

0

nolla

གྲད་ཀོར།

1

yksi

གཅིག

2

kaksi

གཉིས།

3

kolme

གསུམ།

4

neljä

བཞི།

5

viisi

ལྔ།

6

kuusi

དྲུག

7

seitsemän

བདུན།

8

kahdeksan

བརྒྱད།

9

yhdeksän

དགུ

10

kymmenen

བཅུ།

11

yksitoista

བཅུ་གཅིག

12

kaksitoista

བཅུ་གཉིས།

13

kolmetoista

བཅུ་གསུམ།

14

neljätoista

བཅུ་བཞི།

15

viisitoista

བཅོ་ལྔ།

16

kuusitoista

བཅུ་དྲུག

17

seitsemäntoista

བཅུ་བདུན།

18

kahdeksantoista

བཅོ་བརྒྱད།

19

yhdeksäntoista

བཅུ་དགུ

20

kaksikymmentä

ཉི་ཤུ།

100

sata

བརྒྱ།

1.000

tuhat

སྟོང་།

1.000.000

miljoona

ས་ཡ།

englanti

དབྱིན་སྐད།

amerikanenglanti

ཨ་རིའི་དབྱིན་སྐད།

mandariinikiina

རྒྱ་སྐད།

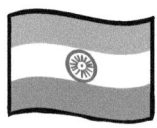

hindi

ཧིན་དི།

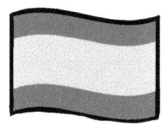

espanja

སི་པེན་གྱི་སྐད་རིགས།

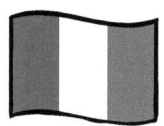

ranska

ཕ་རན་སིའི་སྐད་རིགས།

arabia

ཨ་རབ་ཀྱི་སྐད་རིགས།

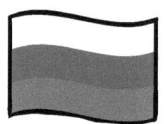

venäjä

ཨུ་རུ་སུའི་སྐད་རིགས།

portugali

པོར་ཐེའུ་གལ་གྱི་སྐད་རིགས།

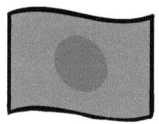

bengali

བྲུང་ག་ལ་སྐད་རིགས།

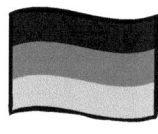

saksa

འཇར་མན་སྐད་རིགས།

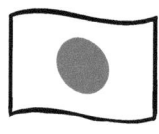

japani

ཧྲ་པན་སྐད་རིགས།

minä

ང་།

sinä

ཁྱེད་རང་།

hän

ཁོ་མོ་འདི།

me

ང་ཚོ།

te

ཁྱེད་ཚོ།

he

ཁོ་ཚོ།

kuka?

སུ།

mitä / mikä?

ག་རེ།

miten?

ག་འདྲ།

missä?

ག་བ།

milloin?

ག་དུས།

nimi

མིང་།

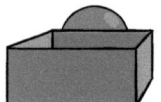

takana

རྐུབ་ན།

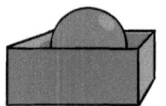

sisällä

ནང་ན།

edessä

མདུན་ན།

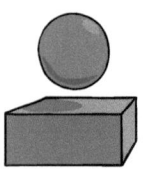

yläpuolella

སྟེང་ན།

päällä

སྟེང་ན།

alapuolella

འོག་ན།

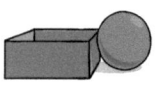

vieressä

འགྲམ་དུ།

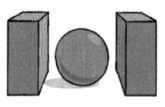

välissä

བར་དུ།

paikka

ས་གནས།